MUSÉE LITTÉRAIRE CONTEMPORAIN, A 40 CENTIMES LA LIVRAISON

MÉRY

UNE

CONSPIRATION AU LOUVRE

Prix : 90 centimes

PARIS
MICHEL LEVY FRERES, LIBRAIRES-EDITEURS
RUE VIVIENNE 2 BIS
1860

UNE
CONSPIRATION AU LOUVRE

PAR

MÉRY

I

LE QUAI VOLTAIRE

— Ainsi, mon cher Félix, à dater d'aujourd'hui te voilà docteur en médecine ! Que les malades seront heureux demain !

— Moins heureux que les plaideurs, mon cher Arthur ; à dater d'aujourd'hui tu es avocat.

— Enfin nous voilà sortis de l'école avec deux belles carrières devant nous : la médecine et le barreau.

— Hélas ! il y a déjà beaucoup de médecins !

— Hélas ! il y a déjà beaucoup d'avocats !

— Beaucoup plus de médecins que de malades.

— Beaucoup plus d'avocats que de plaideurs.

Félix prit un visage grave, qui ressemblait à un masque improvisé pour le moment, et qui contrastait beaucoup avec son attitude d'étudiant au repos. Il couvrait toute la longueur d'un divan avec son corps étiré par une nonchalance asiatique ; il jouait d'une main avec la cendre blanche d'un cigare jaune, et de l'autre il effilait les deux pointes de sa moustache en la recourbant en arc délié.

— Mon cher Arthur, dit-il, tu vas prendre la diligence de Reims ; tu embrasseras tes parents avec une joie fort naturelle. On tuera pour te fêter quelque maigre veau gras. Le lendemain, ton père, qui t'aura laissé en joie tout un jour, te dira : — Eh bien ! mon enfant, que ferons-nous maintenant ? Il faut travailler ; il faut penser à ton avenir ; j'ai fait de grands sacrifices pour toi ; tu n'es pas riche, mon fils ; tu as trois sœurs en attente d'époux. Voyons, il faut prendre un parti... Quel parti prendras-tu, mon cher Arthur, et que vas-tu répondre au grave auteur de tes jours ?

Arthur, qui faisait pendant à son ami sur le divan voisin, poussa un soupir qui précipita violemment au plafond un nuage de régie, et dit, comme Adam après sa condamnation aux travaux forcés :

— Je travaillerai !

— Tu ne travailleras pas, Arthur, dit Félix avec une intonation au majeur ; voici ce que le vieux Destin réserve aux jeunes élèves de Thémis. Ton père t'incrustera sur le cuir d'un vieux fauteuil chez un jurisconsulte à cheveux blancs. Là tu feras ton stage ; tu avaleras la poussière des dossiers jaunes ; tu grossoieras, tu minuteras, tu collationneras, tu verbaliseras. Ce genre de martyre, qui a échappé à Domitien, doit durer trois ans.

« Ces trois siècles expirés, tu seras vieux, tu auras vingt-quatre ans. Il te faudra débuter au barreau par quelque coup d'éclat. On te confiera une cause perdue. Tu la perdras deux fois. Le public des audiences des sixièmes chambres dira de toi, dans son feuilleton parlé, que tu as de l'esprit, mais que tu ne seras jamais un orateur. Un ami officieux te rapportera ce propos. Le découragement te saisira. Tu te feras jurisconsulte. Tu meubleras un cabinet avec une bibliothèque illisible, deux fauteuils endormeurs, et les gravures de Boissy d'Anglas et du président Molé, et là tu attendras des clients fabuleux. Voilà ton horoscope, cher Arthur. Voilà ce qu'on perd aujourd'hui en gagnant douze inscriptions.

— Tout cela est possible, cher Félix, dit Arthur en se levant pour lancer un coup d'œil sur le pont des Arts, le quai Voltaire et les croisées du Vieux-Louvre. Tout cela est possible ; mais cela peut changer. Le monde présent est gros d'avenir. Les chemins de fer...

— Que diable dis-tu là ? pauvre Arthur ! Crois-tu que des chemins de fer amèneront un client dans ton cabinet de jurisconsulte ? Les chemins de fer supprimeront les procès, les chemins de fer nous feront prendre en haine la lenteur, les renvois, les pas perdus, les retards, les ennuis, tous les fléaux stationnaires des procédures. La justice rougira d'être si longue, et, ne voulant pas se corriger, elle donnera sa démission. Un plaideur, au lieu de perdre un mois à gagner une cause, aimera mieux aller traiter une bonne opération commerciale ou industrielle à Canton... Écoute, Arthur, sais-tu ce qui manque aux jeunes gens du jour ? C'est un état... un état nouveau, une profession nouvelle... Il y a une infinité de métiers pour le peuple ; il n'y a que deux états pour nous, la médecine et le barreau, et encore la concurrence les a tués tous deux. La jeunesse est sur le pavé.

— Si cela est ainsi, dit Arthur, il faut inventer un troisième état ; en le découvrant nous ne craindrons pas la concurrence ; nous prenons les deux premières places pour nous. Après nous songerons à nos meilleurs amis des écoles, et nous devenons les bienfaiteurs de notre temps.

— Oui, nous ferons un choix.

— Il ne faut pas dépasser vingt-cinq.

— C'est juste, de peur d'être accusés de monopole.

— Cher Arthur, dit Félix, en plaisantant toujours ainsi nous n'arriverons jamais à quelque chose de bon, toi et moi.

— Eh bien ! tant pis pour les malades et les plaideurs !

Arthur regarda sa montre et mit les yeux sur la vitre en la ternissant avec son souffle et en l'essuyant avec sa main. Tout à coup il fit un signe précipité à son ami, en disant d'une voix étouffée comme si elle pouvait être entendue : — La voilà !

— Toujours exacte à la minute, poursuivit Arthur ; dix heures sonnent à l'Institut......

« Qu'elle est charmante, ainsi vue de loin ! une robe blanche, une écharpe bleue, un chapeau rose, avec une petite fleur d'hortensia sur l'oreille. Simplicité d'âge d'or ! ou de Saturne et de Rhée, comme dirait son père.

— Pauvre fille, dit Félix en arrondissant son bras sur l'épaule de son ami, comme dans le groupe de Castor et Pollux ; pauvre fille ! Elle ne ruine pas son père en toilette... La femme de chambre qui l'accompagne se donne des airs de princesse... probablement elle fait son service en amateur... Et comment vont les affaires avec cette belle enfant, aussi belle que mon impossible Léonie ?

— Assez mal, Félix... La voilà sur le quai voisin... disparue !... Il me semble que le soleil vient de se coucher à dix heures du matin.

— Tu disais donc, Arthur, que tes affaires d'amour allaient assez mal, comme les miennes ?

— J'ai dit assez mal... pure distraction !... j'ai voulu dire très-mal... Il y a d'abord un père inhabitable, un commerce ruiné, une surveillance d'argus, un magasin humide, et des ennuis de conversation au-dessus des forces de mes nerfs. Elle a un père qui parle comme un héros d'Homère ou un berger de Théocrite. Son français est grec ou latin ; c'est le dernier des païens.

— Oui; mais, au milieu de cela, une jeune fille ravissante de grâce et de beauté...

— Une jeune fille qu'il faut quitter dans huit jours. Félix, la semaine prochaine, nous partons toi et moi pour exercer la médecine et la procédure dans un pays où tout le monde se porte bien et ne plaide pas Dans huit jours plus de Psyché...

— C'est le nom de ta belle? Il me semblait qu'elle se nommait l'autre jour Claire, Zoé, ou Mathilde, ou Mélina, ou encore quelque autre sainte du calendrier des romans.

— Son père la nomme Psyché, à cause de son commerce.

— Que diable me dis-tu là, mon cher Arthur? De quel commerce parles-tu? de celui du père ou de celui de la fille? Il y a amphibologie.

— Parbleu! Félix, du commerce du père!

— Et que fait ce père?

— Il vend des faux dieux sur le quai.

— Des faux dieux!

— De véritables faux dieux, et des deux sexes. Ma mauvaise étoile m'a poussé dans cette boutique de païen. Si le hasard avait été assez bon, il m'aurait conduit dans le comptoir d'un banquier... les banquiers ont des filles aussi.

— Mon cher Arthur, il est plus aisé de courtiser une jeune fille dans une boutique de païen que dans le comptoir d'un banquier.

— Oh! me voilà bien avancé!... M. Bonchatain ne sort jamais de sa boutique, où il est en perpétuelle extase devant ses faux dieux. Il a pour son commerce une vraie passion. Malheureusement cette passion n'est pas partagée par le public. Son vieux Panthéon ne reçoit jamais la visite d'un acheteur. La première fois que j'entrai chez lui, je lui produisis l'effet d'un phénomène. Il crut voir en moi quelque Diomède méditant le rapt de quelque Pallas, et il me barra le passage de ses dieux. Pour me rendre propice M. Bonchatain, je dévorai chez lui en cinq minutes mes économies de six mois. Je lui achetai un Faune, dont il ne reste que le pied droit, qui est un pied de chèvre, et une portion de bœuf Apis. Mon père, pour ce seul fait, me déshériterait, si j'avais un héritage dans l'avenir. Grâce à ces deux emplètes, j'ai mes entrées chez M. Bonchatain. Nous causons mythologie et antiquités. Je lui cite Desmousliers et Winkelmann ; nous brossons ensemble les faux dieux ; je ne touche jamais une déesse sans adresser un madrigal à la jeune fille. Le père me donne alors un sourire olympien, comme un Jupiter ennuyé. L'adorable enfant baisse ses longues paupières et ressemble à sa fabuleuse patronne ouvrant la boîte de Proserpine. Moi, je prends l'attitude d'un Palinure pétrifié. En attendant mes affaires ne marchent que d'un pied boiteux, comme le groupe des Prières. J'attends des acheteurs qui viennent distraire M. Bonchatain et me ménageront un tête-à-tête avec la fille. Les acheteurs ne paraissent pas. Seulement, quelquefois il y vient deux ou trois vieux candidats académiciens, qui, se rendant à l'Institut pour travailler au dictionnaire, s'arrêtent devant un Cupidon, à l'étalage, et lui adressent des sourires du dix-huitième siècle et des vers de confiseur. Voilà les seules pratiques de M. Bonchatain; et elles n'enrichiront ni sa caisse ni mon amour.

En ce moment une invasion de jeunes étudiants suspendit l'entretien. C'étaient les amis d'Arthur et de Félix, et ils venaient adoucir la tristesse de leur prochaine séparation avec un lac de punch apporté triomphalement du café de Londres, rue Jacob. Ils chantaient tous un chœur composé de la marche de *la Muette*, de l'air de la polka, et de : *Le temps vole, laisse-moi partir*, des *Huguenots*. On distribua le lac de punch en quinze livraisons, et le désespoir de toutes ces jeunes amitiés s'exhala en éclats de rire et en bruyantes paroles, qui réveillaient en sursaut les passants endormis devant les gravures du quai des Théatins.

Comme ils parlaient tous à la fois, il serait fort difficile de traduire cette scène en dialogue réglé. Les réponses arrivaient avant les demandes ; l'ordre dramatique était interverti ; les points d'interrogation se croisaient au vol et tombaient sur le tapis en perdant leurs formes. De ce chaos tumultueux de paroles jaillissait pourtant un rayon de sagesse juvénile et de philosophique vérité. Quand le chœur d'étudiants était suspendu par la fatigue des poumons, une voix résumait en quelques mots clairs la plainte générale, et toutes les têtes s'inclinaient en signe d'adhésion.

Cette voix chantait avec mélancolie les infortunes des jeunes gens timbrés au millésime de 1844 ; elle vantait les douceurs du nouvel âge d'or, arrivé en chemin de fer ; elle exhortait philosophiquement les avocats et les médecins nouveau-nés à vivre de peu au milieu d'un monde qui vit de beaucoup, et à laisser le monopole de la fortune aux industriels, c'est-à-dire au reste du genre humain français et électeur.

Et les soupirs montaient au plafond avec la fumée de la Havane contrefaite. C'était un spectacle déchirant...

Rien n'est triste à voir comme un visage de vingt ans assombri par une pensée de vieillard, devant un cratère de punch éteint et un amas de cendres de tabac. C'est la fleur des jardins de Résina surprise par un souffle du Vésuve dans un rêve d'hyménée odorant.

Par les croisées ouvertes on jouissait d'une vue admirable et bien faite pour désoler la stérile ambition du jeune âge. Ce coin de Paris étale un luxe irritant, dans sa tranquillité superbe. Il y a un voisinage d'hôtels somptueux, habités par des ermites millionnaires; il y a des persiennes qui se soulèvent et d'exquises robes blanches qui apparaissent sur un balcon, comme les fantômes de midi. Il y a des perspectives lointaines de jardins sombres, où folâtrent des enfants qui font penser à leurs jeunes mères. De la gaze lumineuse des beaux jours d'été on voit défiler confusément sur les ponts et sur les rives toutes les ambitions satisfaites, tous les vices charmants, toutes les séductions ennoblies, tous les écueils de velours, toutes les convoitises sensuelles, l'élite enfin des péchés capitaux, doux à l'œil comme des vertus.

Les jeunes gens arrivés à l'âge de la majorité légale ne savent pas encore quelles misères honteuses, quels ennuis profonds, quelles inquiétudes aiguës recouvre ce brillant vernis. Aussi nos étudiants des deux facultés dévoraient avec des yeux d'ardente convoise toutes ces lointaines images de volupté parisienne qu'il fallait abandonner pour aller s'asseoir obscurément à l'ombre d'un lambris domestique, au fond d'une province pleine de vide et effrayante de tranquillité.

Par malheur notre siècle a trop mis en circulation le mot richesse. On a abusé du mot million. Chaque jour la quatrième page des journaux concentre en quelques mains de particuliers des sommes égales aux revenus annuels de la Prusse et de l'Autriche. Le million est devenu une monnaie courante que chacun est honteux de ne pas avoir dans sa poche. Il ne faut donc pas s'étonner que le million vienne aussi tourmenter le domaine jadis virginal des rêves de la jeunesse. Ces médecins et ces avocats d'un jour calculaient déjà combien il faut guérir de malades ou gagner de procès pour être dans la société un homme convenable, c'est-à-dire décoré d'un million.

Arthur adressa quelques consolations à sa pléiade d'amis; on se promit de se revoir encore une fois autour d'un dernier volcan de punch, et chacun se retira pour préparer les malles et le passeport.

Resté seul, Arthur descendit dans la boutique de M. Bonchatain pour lui faire la cour, à défaut de la fille. Le vieux païen du quai Voltaire dormait entre deux vestales comme un grand-prêtre de Numa, le lendemain de l'institution. Il se réveilla un instant au bruit des pas du visiteur, et, reconnaissant un habitué de sa boutique, il se rendormit.

Arthur se promenait entre deux haies de fauxdieux, en réfléchissant sur la merveilleuse insouciance de ce M. Bonchatain qui avait pris en haine les acheteurs et les éloignait autant que possible de son Panthéon, soit par un sommeil insultant, soit par une brusquerie païenne incrustée sur le visage du vendeur. En ce moment un passant vêtu avec distinction s'arrêta devant la boutique, et, mettant sa main droite en auvent sur ses yeux, comme pour y voir plus clair dans les ténèbres intérieures, il déshabilla successivement toutes les statues, comme un général scrupuleux qui fait une inspection au Champ-de-Mars.

Le passant fit un léger mouvement d'ascension sur l'escalier du temple et dit à voix basse :

— Monsieur est-il de la maison?

— A peu près, dit Arthur avec une distraction étourdie.

— Alors vous connaissez le fond de boutique de M. Bonchatain.

— Comme le fond de ma bourse, monsieur.

— Pardon, monsieur, continua le passant, évitez-moi la peine d'entrer et de réveiller Bonchatain. Ayez la bonté de me dire si l'Égipan qui a la corne de la patte gauche éraillée est encore dans son coin, à côté du Silène endormi.

— Je viens de le revoir pour la centième fois, à l'instant même. L'Égipan n'a pas bougé.

— Monsieur est artiste?

— Oui, monsieur, et avocat par-dessus le marché.

— Avocat! si jeune?

— Avocat de ce matin.

— Eh bien! monsieur, je veux inaugurer votre profession. Permettez-moi de vous consulter...

— Attendez, monsieur, dit Arthur en faisant un pas en arrière. Je prends mon chapeau, qui couvre un Jupiter en guise de *modius*, et je suis à vous.

— Et qui gardera la boutique?

— Personne. La boutique se garde elle-même. Les statues ne craignent pas les voleurs en plein midi. Il n'y a que deux filous grecs qui aient mis une déesse de douze pieds dans leur poche, Ulysse et Diomède; mais Junon leur faisait la main, et il n'y avait pas de police à Ilium, parce que le budget du royaume n'était que de vingt mille priams, d'après le calcul de Strabon.

— Voilà un jeune homme bien fort sur les beaux-arts et sur l'antiquité, dit le passant tandis qu'Arthur décoiffait Jupiter.

Et ils descendirent, côte à côte, sur le quai, vers le pont des Arts.

— Avant tout, dit le passant, je dois vous dire qui je suis; mon nom est peut-être connu de vous; je suis M. de***, directeur des musées du Louvre.

Arthur s'inclina.

— Dans un dernier déménagement, poursuivit le directeur, un commissionnaire iconoclaste a brisé en mille morceaux un Égipan que j'aimais comme la prunelle de mes yeux, et qui avait résisté à Théodoric, à Genséric, à Attila et au connétable de Bourbon... Il me faut donc un autre Égipan.

— C'est juste, dit Arthur en prenant l'air grave d'un jurisconsulte.

— J'ai trouvé un autre exemplaire de mon Égipan parmi les dieux de M. Bonchatain: ils se ressemblent comme deux atomes de marbre. C'est probablement le même sculpteur qui les a ciselés tous deux. Je traite d'Égipan avec ce vieux satyre de Bonchatain. Il me demande cent cinquante louis de sa statue. Notez bien que cet Égipan-là me paraît suspect dans son antiquité : je le crois faux comme un jeton ; n'importe ! il manque à la collection du Musée ; il faut donc l'avoir à tout prix. J'offre cent louis ; c'est bien raisonnable, un rabais d'un tiers sur une antiquaille comme ça... Le Bonchatain, qui est plus dur que son marbre, ne veut pas démordre d'un centime. Vous ne le vendrez jamais, votre véritable faux-dieu, lui dis-je. — Tant mieux, me répondit-il, et il s'endormit.

— Ah ! je le reconnais bien là, dit Arthur en donnant dix centimes pour passer le pont des Arts ; et il refusa les cinq centimes que le directeur lui offrait comme remboursement du péage.

Cette politesse toucha le directeur.

— Monsieur l'avocat, poursuivit-il, j'ai fait trente courses à la boutique de Bonchatain, et toujours inutilement. Enfin voici l'incroyable. J'attendais une visite du roi ; je tenais à voir figurer toutes mes statues au grand complet. Je prends cent cinquante louis en billets de banque, je vais chez Bonchatain et lui dis : — Votre statue ne vaut pas cela ; n'importe, donnez-la-moi et payez-vous. — Monsieur, dit Bonchatain, puisque vous insultez ma statue, j'insulte votre argent. Je ne veux rien vous vendre, rien. Et il me tourna le dos. Monsieur l'avocat, voilà ma position ; le Code a-t-il prévu ce cas-là ? Je donne à mon vendeur le prix qu'il me demande de sa marchandise, et il me la refuse ; est-il dans son droit ?

— Je crois, dit Arthur en s'arrêtant comme pour mieux réfléchir, et s'appuyant sur la balustrade du pont des Arts, je crois qu'on peut l'obliger à vendre sa statue. Si ce précédent était admis, il n'y aurait plus de transactions possibles. Il faudrait fermer toutes les boutiques. Le Gouvernement ne donne le droit de vendre qu'à condition qu'on vendra. Si un marchand de statues a le droit de vous refuser une statue au prix demandé, un pharmacien a le droit de vous refuser un remède, c'est-à-dire la vie et la santé. D'ailleurs, monsieur le directeur, votre cas n'est pas neuf. Justinien vous donne gain de cause. Un marchand du village de *Tres Tabernæ* fit comme M. Bonchatain : il refusa de céder une peinture représentant la fable du rat de ville et du rat des champs. *Rusticus urbanum murem mus*, etc., etc. ; vous savez ce que dit Horace... *Historia quorum in tabernis pingitur*... L'affaire fut portée devant le censeur Memnius, qui débouta le marchand. Voulez-vous, monsieur le directeur, que je me charge de votre affaire ? M. Bonchatain a beaucoup de respect pour Justinien, païen comme lui ; je lui montrerai l'article, et l'affaire peut s'arranger à l'amiable aujourd'hui.

Le directeur serra très-affectueusement les mains du jeune jurisconsulte.

— C'est un véritable service que vous me rendrez, mon jeune avocat, dit-il ; recevez, en outre, mes sincères compliments ; à votre âge vous avez déjà l'érudition d'un vieux jurisconsulte. Vous serez une des lumières du barreau français.

— Maintenant, monsieur le directeur, dit Arthur après avoir remercié avec un soupir désolant et une pantomime modeste ; — maintenant, je ne conçois pas ce bon M. Bonchatain. Gêné comme il est dans ses affaires, riche en marbre et pauvre en argent comptant, il refuse de vendre sa marchandise avariée avec l'opiniâtreté d'un stoïcien ; il ·.

— Que dites-vous là, monsieur l'avocat ? dit le directeur avec un visage épanoui d'ébahissement.

— Je dis ce que vous venez de dire, monsieur le directeur. Cela vous étonne ?

— Bonchatain, pauvre d'argent ! — s'écria le directeur avec un ton et un éclat de rire qui scandalisèrent l'invalide, seul public du pont des Arts en ce moment, — Bonchatain gêné dans ses affaires ! Vous êtes donc la dupe de cet homme-là, candide jeune homme ?

Arthur regardait le directeur plutôt avec sa bouche qu'avec ses yeux ; ses lèvres entr'ouvertes, n'osant pas faire une demande et ne pouvant pas donner une réponse, se préparaient à une exclamation.

— Bonchatain pauvre ! poursuivit le directeur. Allez consulter les listes électorales. Il paye onze mille trois cent soixante-quinze francs de contributions directes. Il a des rentes sur l'État, des fonds sur les banques, des actions sur les canaux. Il est quatre fois millionnaire, Bonchatain ! Mais vous ne saviez donc pas cela ?

L'exclamation préparée avorta sur les lèvres d'Arthur, et le sentiment intérieur qui changea la nuance de ses yeux et contracta son visage exprima tant de genres de surprises et d'émotions que l'observateur le plus habile n'aurait pu dire s'il y avait plaisir, douleur, désespoir, ravissement.

— Au reste, ajouta le directeur, que vous importe cela ? Vous n'êtes pas, je pense, l'héritier de M. Bonchatain ?

Arthur fit une pantomime qui signifiait, aux limites de ses épaules : — C'est juste, je ne suis pas son héritier ; cela m'est indifférent.

En ce moment midi sonnait à l'horloge de l'Institut, qui est toujours en retard (l'horloge), et une étoile se leva sur l'horizon septentrional du pont des Arts. Arthur, à la distance d'un demi-pont, reconnut mademoiselle Bonchatain : on aurait dit qu'une statue du Louvre, ennuyée de son piédestal, avait emprunté un costume de jeune fille pour tromper la vigilance du gardien, et qu'elle rendait une visite de voisinage aux poètes mythologiques de l'Institut.

C'était Aglaé ayant abandonné les deux autres Grâces, ses sœurs, pour venir poser seule devant Pradier. C'était Psyché ayant poignardé l'Amour et se dérobant aux poursuites du procureur du roi. Il y avait dans l'ensemble et dans les détails tout un Olympe féminin sur le corps de cette jeune fille. On devinait qu'elle avait été conçue dans un temple illustré de déesse, et qu'une mère impressionnable l'avait ciselée, neuf mois, avec toutes les fantaisies de son imagination, au milieu du sérail olympien de l'antiquaire son époux. La ville de Paris, qui donne soixante millions pour des pavés et des réverbères, devrait, à l'exemple d'Athènes, prodiguer les belles statues de femmes sur toutes ses places publiques et sous chaque bec de gaz, et la laideur serait supprimée chez le beau sexe jusqu'à la fin du monde parisien. Les statues d'hommes sont inutiles ; la beauté même est nuisible, dans notre laid sexe, pour être conseiller municipal, agent de chemin de fer ou député. On a remarqué, à Paris, que les femmes qui ont leur domicile dans le voisinage des jardins du Luxembourg et des Tuileries étaient belles. Malheureusement tous les jeunes époux ne peuvent s'établir sur ces deux zones si favorables ; on doit donc municipalement songer à étendre les bénéfices de ces deux jardins aux cinquante-quatre barrières de Paris. Il ne faut pas qu'il y ait des privilèges de beauté affectés à deux quartiers : ce serait un odieux monopole. Les édiles aviseront.

Mademoiselle Bonchatain effleurait le plancher vénérable du pont des Arts avec la pointe de ses pieds de satin. Elle tenait son ombrelle renversée à demi sur l'épaule gauche, ce qui permettait de voir son visage bien à découvert, et rayonnant de soleil et de sa beauté. Elle avait oublié son ombrelle sur son épaule, distraction excusable chez une jeune fille de dix-sept ans. Nos deux interlocuteurs la saluèrent, et elle rendit le salut avec une grâce préméditée, qui prouvait qu'elle avait reconnu de fort loin ces deux messieurs. Arthur la suivit longtemps des yeux, et, quand elle eut disparu, il se composa une voix calme et dit :

— Voilà une jeune fille qui ne manquera pas de partis avec la richesse de son père.

— Seulement, dit le directeur, il est à craindre que le père ne veuille garder sa fille éternellement chez lui, comme il fait de ses statues.

— Oui, dit Arthur, mais il était plus facile d'enlever Hélène que le Palladium. M. Bonchatain doit savoir cela, et il permet à sa fille des promenades matinales fort dangereuses qu'il se garderait bien de permettre à ses déesses de Paros. Cette confiance pourrait coûter cher à ce père imprudent. Vous remplacerez votre Egipan, mais il ne remplacerait pas sa fille, lui.

— Au reste, il ne faut pas trop s'alarmer de ces promenades, monsieur l'avocat. Mademoiselle Bonchatain ne court aucun risque : on n'enlève pas les jeunes filles en plein midi.

Et il salua de la main et de la tête Arthur, comme pour prendre congé de lui.

— On veille sur la fille, ajouta-t-il ; rassurez-vous, jeune homme... Il ne faut pas être sorcier pour comprendre l'intérêt que vous portez à cette belle enfant... Songez à mon affaire, mon jeune jurisconsulte, et que l'amour ne vous fasse pas oublier votre premier client.

— J'y songerai, monsieur le directeur ; vous aurez votre Egipan... Ah ! vous savez que la fille est surveillée ?... Vous connaissez donc mademoiselle Bonchatain ?...

— Si je la connais ! dit le directeur avec un éclat de rire en s'éloignant ; je connais même son rendez-vous de tous les matins. Adieu, monsieur.

Arthur resta cloué sur la planche du pont des Arts, l'œil fixé sur cette rivière charmante qui a porté tant de malheureuses victimes de l'amour aux filets de Saint-Cloud, où il n'y a jamais eu de filets.

II

DÉFENSE ET PRISE DU LOUVRE

Le lendemain, au coup de neuf heures du matin, Arthur se trouvait sur le pont des Arts, à la même place qui, la veille, lui avait conseillé un suicide hydraulique et un voyage horizontal à Saint-Cloud.

En cette vie il ne faut jamais se tuer : le suicide est un grand crime et une sottise immense. Si la morale ne retient pas, que l'amour-propre retienne. Ce dernier frein est peut-être le meilleur.

Arthur était à cet âge heureux de candeur adolescente et de croyance spontanée où toute chose révélée qui réjouit ou qui épouvante est adoptée, comme authentique, sans réflexion. Épris d'un violent amour pour la fille de l'antiquaire, il venait de recevoir deux confidences alarmantes : M. Bonchatain était quatre fois millionnaire : c'était à désespérer un jeune amoureux sans fortune ; la fille se rendait chaque matin à un rendez-vous mystérieux : c'était à désespérer un amoureux sans philosophie. Deux coups de foudre tombant ainsi d'aplomb sur la tête déjà brûlée d'Arthur, il n'y avait d'autre remède qu'un suicide consolant et plein de fraîcheur dans la rivière homicide qui coule gratuitement sous le pont des Arts, pour économiser un pistolet aux malheureux.

Deux idées le retinrent sur le penchant de l'abîme, comme deux bras sauveurs.

Dans sa courte carrière d'avocat, laquelle avait duré vingt-quatre heures, il n'avait eu qu'une cause et qu'un client; il était de son honneur de terminer cette unique affaire litigieuse avant de mourir. Ses rivaux n'eussent pas manqué de faire circuler le bruit qu'il s'était tué de désespoir de n'avoir pas su gagner son premier procès. Les rivaux sont capables de tout.

Ensuite le jeune bachelier n'avait pas encore oublié son latin, comme l'a oublié, y compris le français, le recteur de l'académie d'Aix. Au moment de frapper du pied la planche du pont, en guise de tremplin, pour s'élancer dans la rivière, il se rappela les vers chrétiens que Virgile, ce premier Père de l'Église, a écrits sur le suicide :

..... Quam vellent æthere in alto
Duram pauperiem, et duro perferre labores!

Les mains d'Arthur, au désespoir, s'accrochèrent à ces broussailles de dactyles et de spondées mélancoliques, et il lui fut impossible de franchir le parapet du pont.

Le lendemain, il ne regrettait pas de n'être pas mort la veille, comme feraient tous les suicidés s'ils avaient le courage d'attendre le lendemain, et il souriait même d'un sourire de damné à la pensée de découvrir le rendez-vous clandestin de la jeune fille. Le suicide n'était qu'ajourné ; mais il faut bien, quand on se tue, savoir au moins pourquoi on se tue, pour s'éviter tout regret dans le tombeau, entre quatre cyprès stupides qui ne consolent pas.

L'ombrelle lilas de mademoiselle Bonchatain se leva comme la coupole du temple de Gnide devant la sombre façade de l'Institut, et Arthur courut à l'autre extrémité du pont avec la rapidité d'un homme qui a escroqué les cinq centimes de péage à l'invalide du bureau. Il se cacha derrière les pilastres massifs du guichet méridional du Louvre, pour voir la jeune fille au passage, et la suivre de là jusqu'à son lieu de rendez-vous. Son attitude, dans ce moment d'exploration fébrile, le rendait suspect aux passants, et la garde qui veille aux barrières du Louvre affermit les baïonnettes de ses fusils. On considérait Arthur comme l'avant-garde d'une bande de conspirateurs. On ne se trompait pas. Seulement le soupçon, la crainte et la défense existaient avant la première idée de la conspiration.

Mademoiselle Bonchatain traversa la rivière avec sa femme de chambre, comme une fille de Priam et sa nourrice allant à leur lavoir de blanchisseuses au Simoïs, et le jeune avocat, embusqué, tressaillit, et enfonça une main droite assez gauche dans son gilet, comme pour y saisir un poignard. La garde qui veille déboucla ses gibernes et pensa à ses femmes et à ses enfants.

On vit le moment où se mettait en action ce beau vers de *Mérope* :

Soudain la garde accourt avec des cris de rage.

La charmante fille de l'antiquaire traversa le guichet du Louvre, entra dans la cour, et, jetant un regard rapide à l'horloge infaillible de Lepaute, elle précipita son pas.

— Elle arrive trop tard à son infâme rendez-vous, se dit Arthur.

La garde suivait de l'œil Arthur. Ce moment était solennel. La jeune demoiselle, que sa femme de chambre suivait avec peine, traversa l'arceau de l'horloge, fit un tour à gauche sur la place, et se dirigea vers la petite porte de la galerie du Louvre. Le suisse bénévole qui étale négligemment sa fraîcheur de chanoine sur le seuil de cette porte, salua mademoiselle Bonchatain d'un air familier.

A cinquante pas d'intervalle, Arthur suivait la belle enfant avec une figure d'oiseau de proie ; il essaya d'écarter brusquement le suisse ; mais le gardien ferma hermétiquement la porte avec les deux battants de son uniforme bleu, et lui dit d'un air sévère :

— Avez-vous votre passeport ?

Arthur toisa le Suisse, qui se laissa toiser comme une statue de péristyle.

— Est-ce qu'il faut un passeport pour entrer ici ? dit Arthur d'un ton presque insolent.

— Oui, monsieur, répondit le Suisse avec la conscience de son devoir.

— Mon passeport est chez moi, dit Arthur.

— Allez le chercher.

— Je n'ai pas le temps.

Un troisième interlocuteur survint ; c'était un garde national du guichet du pont qui avait été envoyé en tirailleur à la poursuite d'Arthur.

— Ne laissez pas entrer ce jeune homme, dit-il au Suisse, regardez sa figure, il médite quelque mauvais coup ; nous le guettons depuis une heure, et j'ai ordre de l'arrêter.

— De m'arrêter ! s'écria notre jeune avocat. Vous vous trompez d'époque et de Louvre, monsieur. Nous avons une charte et une liberté individuelle.

— Nous avons une consigne, dit le garde national.

— Messieurs, dit le Suisse d'un air digne, vous allez faire un rassemblement à la porte d'un château royal. Cela n'est pas permis. Entrez dans la cour, et vous vous expliquerez.

— Entrons dans la cour, dit Arthur qui profita de cette permission comme d'une brèche.

Et il franchit en deux bonds le seuil et le corridor.

Le garde national, agile voltigeur, l'arrêta devant le Sphinx de granit rose.

— Mais c'est une iniquité légale ! s'écria Arthur en

se dégageant ; on ne peut arrêter un citoyen. Il n'y a plus de Charles IX là-haut... Mon père a pris ce Louvre, avec une foule d'autres pères, en juillet 1830, et on n'arrêtera pas son fils, au même endroit, quatorze ans après !

— On l'arrêtera, dit le garde national, et la preuve c'est que vous êtes arrêté.

— Monsieur, dit Arthur au comble de la colère, je vous dénoncerai au procureur du roi.

— Cela vous est permis, dit le soldat citoyen ; voici mon adresse : Etienne Colardeau, fabricant de meubles, rue du Faubourg Saint-Antoine. Maintenant j'ai ordre de vous demander votre nom.

Arthur regardait le grand Sphinx ; courbé en point d'interrogation, il ressemblait à OEdipe attendant l'énigme pour la deviner.

— Votre nom, monsieur ? poursuivit M. Colardeau.
— Arthur Greminy.
— Votre profession ?
— Avocat.
— Votre demeure
— Quai Voltaire, n...
— Logez-vous en garni ?
— Je suis dans mes meubles depuis trois ans.
— Connaissez-vous quelqu'un à Paris ?
— Je connais toute l'Ecole de Droit et la moitié de l'Ecole de Médecine.
— Que veniez-vous faire au Louvre ?
— Ah ! ceci est mon secret.
— Il n'y a pas de secret devant la loi.
— Il y a le mien.
— Ah ! il y a le vôtre ! Eh bien ! vous allez me suivre au corps de garde.

Un instant Arthur eut l'idée de se recommander auprès de M. le directeur des Musées du Louvre ; mais cette démarche eût dérangé son plan et lui eût fait manquer l'occasion de découvrir le mystère des rendez-vous de mademoiselle Bonchatain. Il se résigna donc et suivit le garde national.

L'extérieur d'Arthur n'était pas fait pour lui attirer des soupçons favorables. Sa mise avait une élégance de distinction, mais elle était ravagée par les inquiétudes nerveuses, et le lustre de son habit noir avait emprunté des nuances délatrices aux murailles décrépites et aux recoins humides choisis pour ses embuscades. Ses cheveux, hérissés par le ciment de la poussière et de la sueur, sa fine moustache noire dont l'arc était brisé ; sa figure pâle illuminée seulement par le double tison des yeux, annonçaient un désordre d'esprit et un projet sinistre qui justifiaient la surveillance des gardes du palais.

— Voyons, monsieur, lui dit le lieutenant du poste avec douceur, parlez-moi franchement et vous serez libre à l'heure même. Tout annonce chez vous une étrange préoccupation. Avez-vous des armes sur vous ? Evitez-moi la peine de vous fouiller.

— Vous pouvez me fouiller, monsieur, dit Arthur, vous ne trouverez rien.

— Quel était votre but en essayant de forcer le passage du Louvre ? Ne vous obstinez pas... je vous demande encore la plus grande franchise... calmez votre émotion et parlez.

— Monsieur, dit Arthur qui voulait enfin être libre à tout prix, je voulais faire une surprise à M. le directeur des musées du Louvre.

— Quelle surprise ?

— C'est un secret qui ne m'appartient pas, et je ne puis le divulguer devant tout ce monde. Mais faites-moi accompagner par deux de vos soldats chez un antiquaire du voisinage, là, de l'autre côté de l'eau, et vous verrez que rien n'était plus innocent que mon projet.

— Je vous accompagnerai moi-même, dit l'officier, acceptez mon bras.

Arthur prit le bras offert, et il se dirigea vers la boutique de M. Bonchatain.

L'antiquaire fut réveillé en sursaut par un léger coup sur l'épaule, tombé de la main d'Arthur. En voyant un officier en hausse-col il se leva et salua respectueusement.

— Savez-vous ce qui m'arrive, monsieur Bonchatain ? dit Arthur. On m'arrête comme un conspirateur, un assassin, un filou, un régicide, un je ne sais quoi.

— Grands dieux ! s'écria le païen en élevant ses mains au ciel, selon le procédé d'Énée

Ad sidera palmas.

— Oui, monsieur Bonchatain, on m'arrête, et je viens d'abord vous prendre comme garant de ma probité.

— Oh ! dit M. Bonchatain en se tournant vers l'officier, je réponds de ce jeune homme comme de moi-même ; je le connais depuis un demi-lustre. Ceux qui porteront sur lui des mains violentes doivent craindre la colère des dieux, comme dit M. Louvet au dernier volume de *Faublas*, et justement dans une scène qui se passe sur ce même quai, alors nommé quai des Théatins.

— C'est bien, c'est bien, dit l'officier ; mais cela ne m'explique pas ce que ce jeune homme venait faire au Louvre.

— Ah ! c'est juste ; qu'alliez-vous faire au Louvre ? du latin *lupara, lupus*, parce qu'on y gardait des chiens de chasse dans une tour, disent les historiens.

— J'allais vous y rendre un service, monsieur Bonchatain.

— Quel service ? dit le bonhomme effrayé ; hâtez vos paroles, ô jeune homme ! répondez par le temple de Castor et de Pollux ! OEdeca ! OEdepol !

— Ce monsieur est fou, dit l'officier en à parté

— J'allais vous éviter un procès désagréable, qui

troublerait votre repos et agiterait votre sommeil. Vous savez qu'il y a près des monts Cimmériens...

— *Est prope Cimmerios*, dit Bonchatain, nous savons cela... mais vite, expliquez-vous...

— Je viens au fait, monsieur Bonchatain : un homme puissant m'a choisi pour son avocat contre vous ; j'ai accepté dans votre intérêt. Je veux que ma première affaire litigieuse s'arrange à l'amiable, et j'embrasse vos genoux si, avant toute espèce de papier timbré, vous cédez votre statue que voilà au directeur du musée du Louvre.

— Jeune homme, dit l'antiquaire après réflexion, si j'écoutais les acheteurs, je rentrerais bientôt seul, comme Laërte et Évandre, au milieu de ce temple que j'ai vu, dans ma jeunesse, tout rempli de dieux, comme la rotonde d'Agrippa. Cependant, il faut qu'un vieillard, a dit Eulius, se rende la jeunesse propice, de même que l'hiver se laisse adoucir par le printemps. *Grata vice veris*. O jeune homme, qu'il soit fait selon vos vœux ! Puisse Thémis incliner toujours le plateau de sa justice, et vous donner le sourire de vos nombreux clients !

— Cela veut-il dire que je puis emporter la statue? dit Arthur.

— Il me semble que je me suis expliqué assez clairement, dit l'antiquaire; la statue appartient à l'étranger. Je voudrais avoir la trirème qui apporta au port d'Ostie la statue de la mère des dieux, pour lui faire traverser la Seine du quai des Théatins au portique du Louvre...

— Oh! nous prendrons quatre commissionnaires, dit Arthur. Puis, se tournant vers l'officier du poste :

— Vous voyez, capitaine, que mon affaire s'éclaircit à merveille.

— Tout cela est de l'hébreu pour moi, dit l'officier qui avait écouté les bras croisés et un sourire railleur aux lèvres, toutes ces explications ne m'expliquent rien.

— Comment! dit Bonchatain à Arthur, ce centurion ne voit pas que vous agitez une affaire avec le questeur du Louvre, comme le proxénète Valla qui vendit le sépulcre d'Archimède à Cicéron lorsqu'il était questeur en Sicile?

— Je ne vois pas cela, dit l'officier.

— Mon Dieu! s'écria le jeune Arthur, je perds un temps précieux... tout mon sang se glace dans mes veines! En ce moment quelque chose d'affreux s'accomplit au Louvre... et...

— Ah! vous voyez, dit l'officier en décroisant ses bras; vous voyez que la vérité se fait jour! Vous avez des complices au Louvre?

— Oui, dit Arthur, et je veux à tout prix sortir de cette position qui me tue. Oui, j'ai des complices au Louvre. Conduisez-moi, monsieur, chez M. le directeur des musées royaux, et vous saurez tout.

— Reprenez mon bras, dit l'officier triomphant, et allons.

— Jeune homme, dit Bonchatain attendri, suivez votre destin. Vous êtes beau et gracieux comme le fils d'Apollodore de Mitylène lorsqu'il portait au palais du palatin la statue de Germanicus.

— Cet homme qui parle un si drôle de jargon, dit l'officier, me paraît aussi bien suspect.

En traversant le pont des Arts, Arthur dit à son gardien :

— Monsieur, vous m'obligeriez beaucoup de me donner une minute de liberté.

— C'est impossible.

— Je vous promets d'en faire un bon usage, lieutenant.

— Connu l'usage.

— Mon Dieu! mon Dieu! dit Arthur au désespoir, pourquoi ne me suis-je pas noyé hier?

L'officier serra étroitement, comme dans un étau, le bras de son prisonnier.

— Je vais, poursuivit Arthur, je vais découvrir malgré moi un horrible mystère. Au moins, hier, je serais mort avec le doute.

— Je n'ai pas de doute, moi, dit l'officier.

— Vous êtes bien heureux, lieutenant.

Cette fois le concierge ne fit aucune opposition à notre jeune homme, qui était sous la garde de l'officier du poste voisin.

— Monsieur le concierge, dit Arthur avec une voix d'agonisant, faites-moi conduire chez le directeur des Musées.

— Je veux bien avoir encore cette complaisance-là, dit l'officier, mais après...

— M. le directeur, dit le concierge, vient de sortir de son appartement, et il est à la grande galerie.

— Je suis perdu ! s'écria Arthur, fléchissant sur ses genoux, il est inutile de monter.

— Au contraire, dit l'officier. Montons..... Suivez-moi donc, monsieur, ou j'appelle du renfort.

Arthur monta l'escalier avec les pieds de son gardien.

Comme ils traversaient le petit salon où sont exposés les vieux tableaux des premiers peintres florentins, ils rencontrèrent le directeur, qui marchait d'un pas très rapide et les heurta violemment.

Arthur le saisit brusquement par la main, et la parole lui manqua.

— Ah! c'est vous, mon jeune avocat, dit le directeur; eh bien! quelle bonne nouvelle m'apportez-vous? A deux heures le roi vient visiter le musée, et je donnerais bien volontiers vingt louis de plus de ma bourse à ce païen de Bonchatain...

— Et sa fille? sa fille? sa fille? dit Arthur avec une voix de cinquième acte de drame.

— Comment! sa fille? dit le directeur ébahi. Qu'a de commun sa fille avec notre affaire?... Oui, je vous comprends... Certainement, j'aurais pu me servir de ma position pour influencer sa demoiselle... A vous parler franchement, tantôt j'ai ouvert la bouche pour tout raconter à mademoiselle Bonchatain... Mais qu'avez-vous donc, monsieur ? vous êtes pâle à faire peur ! Lieutenant, faites donc asseoir ce jeune homme... Vous le serrez horriblement... vous l'étouffez !... Il se trouve mal, donnez-lui de l'air...

— C'est une ruse, monsieur le directeur, dit l'officier.

— Comment ! une ruse ! plaisantez-vous ? Je l'ai vu hier.... Asseyez-vous, mon enfant...... Lieutenant, lâchez donc son bras... Je l'ai vu hier, c'était la fraîcheur, la santé, la vie à vingt ans. Regardez-le.... on dirait qu'il va rendre le dernier soupir.

La dame qui vend les livrets et reçoit les cannes et les parapluies prodiguait toutes sortes de soins au jeune homme évanoui ; le directeur lui faisait respirer de l'éther ; l'officier, esclave de son devoir, ressemblait à un de ces chasseurs qui ne croient pas à la mort feinte d'un animal rusé, et qui s'apprêtent à le ressaisir au moment où il ressuscitera pour se sauver.

— Je vous admire, monsieur, dit le directeur à l'officier tout en s'occupant de venir en aide à Arthur ; vraiment, je vous admire ; vous êtes l'ami de ce jeune homme, et...

— Moi, son ami ! dit le lieutenant indigné ; attendez que cette comédie soit jouée, et vous verrez si je suis son ami.

— Au reste, dit le directeur, tout cela me fait perdre un temps précieux... Heureusement notre jeune homme reprend connaissance,... la pâleur diminue... le pouls est meilleur...

Et, s'adressant à la dame du bureau des livrets :

— Madame, dit-il, allez dire à mademoiselle Bonchatain que je l'attends ici... et revenez promptement... Elle fera ma commission auprès de son père, car ce jeune homme sera trop faible pour marcher, même dans une heure.

— Je m'en empare dès qu'il ouvre les yeux, dit l'officier.

— Ceci est trop fort ! dit le directeur. Expliquez-vous, monsieur, car je n'aime pas les énigmes... Ce jeune homme est donc un conspirateur que vous avez arrêté ?

— Cela pourrait bien être, dit l'officier avec un sourire malin.

— Je comprends, vous l'avez vu rôder autour du Louvre d'un air préoccupé...

— Dites d'un air criminel, monsieur le directeur.

— Allons donc ! c'est mon avocat ; il s'occupait de mon affaire. Une première cause à gagner, cela inquiète un jeune homme. Voilà comment on se trompe avec les plus louables intentions... Vous avez failli tuer ce pauvre enfant... Écoutez-moi, monsieur, veuillez vous retirer ; je réponds de lui.

— Prenez garde, monsieur le directeur.

— Oui, oui, je prendrai garde : mais retirez-vous ; il ne faut pas qu'il vous revoie ici.

— Vous en répondez ! dit l'officier avec un geste solennel.

— Sur ma tête.

— C'est bien.

L'officier poussa un soupir et s'éloigna avec lenteur, comme s'il eût compté une à une les marches du grand escalier.

Un instant après, Arthur ouvrit de superbes yeux noirs, qu'il fixa sur le *Saint-Antoine* de Giotto.

— Nous allons mieux, n'est-ce pas, mon ami ? dit le directeur en lui prenant la main ; c'est une crise de jeunesse ; ce n'est rien, mon avocat ; le succès de votre première cause vous a ému jusqu'au fond du cœur...

Arthur regarda autour de lui, avec une physionomie désolée, et il murmura, comme dans un rêve, ces mots :

— Et mademoiselle Bonchatain ?

— Ah ! dit le directeur, il paraît que dans votre évanouissement vous avez entendu prononcer ce nom ; c'est un effet de catalepsie. Bien ! essayez de vous lever... Bien... Pouvez-vous marcher ? Bien... Donnez-moi le bras.... Nous allons voir mademoiselle Bonchatain.

Arthur regarda fixement le directeur, et ses yeux eurent des éclairs de folie.

— Venez, venez, lui dit le directeur en le soutenant ; une petite promenade dans la galerie vous fera du bien... Êtes-vous peintre ?

— Un peu, dit Arthur d'une voix faible.

— Alors je vais vous guérir entre un Murillo et un Raphaël..... J'en ai fait l'expérience cent fois sur des artistes. C'est même un remède que je m'applique à moi-même souvent ; il me réussit toujours.

La grande galerie était illuminée d'un soleil d'été.

Les figures rayonnaient sur les hautes toiles. Tout ce monde immense semblait vivre et s'élancer des cadres, dans l'atmosphère lumineuse qui l'inondait de rayons.

Une double haie d'artistes des deux sexes était établie devant des chevalets de toute dimension, et les pinceaux reproducteurs s'agitaient sur les palettes, depuis les Noces de Véronèse jusqu'à la Bataille de Salvator Rosa. Ce tableau était à coup sûr le plus charmant de la galerie ; car, au-dessus et au-dessous des visages mâles et bruns des jeunes peintres s'épanouissaient des groupes de figures virginales, animées par le feu de l'art, et dont les yeux, en descendant des cadres du maître sur la toile de leurs chevalets, avaient une distraction profane à donner aux oisifs visiteurs de la galerie. Cette longue frange de cheveux noirs et blonds, agités par la peinture, bordait admirablement les chefs-d'œuvre de notre Vatican français.

Le bras du directeur s'allongea vers un groupe de jeunes demoiselles, et Arthur entendit ces mots qui le firent sortir vivant de sa tombe.

— Voilà mademoiselle Bonchatain.

Arthur ne vit qu'elle ; tout ce monde de peintres en travail fut supprimé.

La jeune fille de l'antiquaire copiait *la Sainte Famille* de Murillo. Son regard avait une extase séraphique ; elle inclinait sa tête sur l'épaule droite, inondée de boucles de cheveux noirs, et souriait à la vierge espagnole comme à une sœur bien-aimée qu'elle voyait pour la première fois.

Arthur, qui était arrivé là comme un pâle fantôme descendu de la toile voisine où *Salvator Rosa* évoque la pythonisse d'Endor, s'était tout à coup transfiguré. Il ressemblait à un de ces martyrs rayonnants de la béatitude céleste, et qui portent encore sur leur figure les traces des tortures souffertes pour la foi.

— Eh bien ! mon jeune avocat, dit le directeur qui s'était mis à l'écart pour respecter les extases artistiques de la fille de l'antiquaire ; eh bien ! mon jeune ami, comment trouvez-vous mon remède ? Vous ai-je trompé ?

— Mille grâces ! mille grâces ! monsieur, dit Arthur, dont la tête semblait flotter dans l'atmosphère divine des peintres espagnols et italiens ; vous m'avez guéri ; je suis sauvé, je ressuscite de l'autre côté de l'abîme sur l'horizon du bonheur.

— Enfant exalté ! dit le directeur en souriant : abattu et relevé dans la même minute. Vous avez gagné mon procès avant le juge, et j'ai guéri votre maladie avant le médecin, nous sommes quittes.

— C'est juste ! dit Arthur en se frappant le front ; je ne songeais plus à votre statue et à M. Bonchatain. Excusez-moi. Je cours chez l'antiquaire ; maintenant, je suis calme, je suis heureux ; je puis penser à vous.

— Il n'y a plus un seul instant à perdre, mon jeune avocat. Courez chez l'antiquaire, courez.

— Placez-vous à cette fenêtre, monsieur le directeur, et regardez-moi enjamber le pont des Arts d'un seul bond.

— Adieu, et n'oubliez pas le Musée qui vous a guéri.

— Je viendrai y achever ma convalescence demain.

Quand le jeune avocat fut sorti, l'officier qui s'était posé en statue derrière un pilastre, où il servait de pendant à l'empereur Galba, courut au directeur et lui dit :

— Je rentre à l'instant ; je viens de prendre des renseignements chez le portier de ce jeune homme, au quai Voltaire, et tous mes soupçons étaient justes. Hier il a rassemblé dans son salon quinze jeunes gens exaltés ; on a tenu des discours abominables. Les portes et les murs entendent tout. Il y a eu orgie. Le café de Londres a fourni le punch, qui n'est pas payé. Plus de doute, votre jeune avocat est le chef d'une conspiration.

— Eh bien ! dit le directeur en souriant, nous ferons bonne garde. Permettez-moi de me retirer, car j'ai des occupations urgentes. Adieu, monsieur ; veillez de votre côté. Tout ira bien.

L'obstiné lieutenant avait amené cette fois avec lui un grenadier de sa compagnie ; il lui fit signe de descendre aux salles basses du Musée des statues, et il le plaça, en sentinelle horizontale, dans une baignoire de porphyre en lui recommandant d'accourir au poste quand la conspiration éclaterait.

La sentinelle, qui avait passé une nuit blanche, se coucha au fond de cette guérite vénérable, qui a, dit le livret, baigné les appas de l'impératrice Faustine et de l'empereur Commode, et elle s'endormit avec volupté.

III

A LA RUE SAINT-DENIS

Le lendemain de cette journée d'orages Arthur fut réveillé à neuf heures par son ami Félix, qui entra dans sa chambre en agitant un énorme rouleau de papier orné de rubans verts et en ôtant son paletot.

— Tu viens à propos, mon ami, lui dit Arthur ; ma situation m'oblige à bien me porter, cher docteur ; regarde-moi, tâte mon pouls, et dis-moi comment je me porte à mon réveil.

— Alors c'est une visite de médecin que je te rends ?

— D'abord ; la visite d'ami viendra ensuite. J'attendais mon réveil avec impatience pour me donner des nouvelles de ma santé. Mais, en m'écoutant vivre, je ne me rends pas bien compte de mon état. Fais ton métier, Félix, et dépêche-toi.

— En ce cas laisse-moi remettre mon habit et ma gravité. Donne-moi ton bras... Admirablement servi par le sang ! Tu te portes comme la déesse Hygie, dirait l'antiquaire ton voisin... Qu'as-tu donc fait de nuisible ces jours derniers ?

— Hier, Félix, j'ai passé ma vie à mourir une foule de fois.

— Diable ! l'amour fait vivre, cependant...

— Quand il ne tue pas.

— Mais il me semble, Arthur, que tu devais être aujourd'hui dans le coupé d'une diligence, après avoir déposé ton amour dans un porte-manteau en quittant Paris?

— C'est vrai. Mais que veux-tu? depuis notre dernière entrevue, j'ai vu couler beaucoup d'eau sous le pont des Arts, sans compter celle qui a failli m'emporter... Je te ferai mon récit tragique en d'autres moments... Et toi, Félix, il me semble que tu es aussi en retard avec le coupé de la diligence de Reims?

— Oh! moi, j'ai brûlé mes vaisseaux, c'est-à-dire mes diligences. J'attends le chemin de fer, c'est décidé. Notre conseil municipal a voté l'embranchement la semaine dernière; c'est un prétexte aux yeux de papa, qui est agent de la compagnie. Je donne de la vogue à son opération. Il faut être bon fils.

— Tu ne pars pas, Félix?

— Impossible! impossible! Arthur. J'ai deux raisons souveraines qui m'interdisent la grande route; deux raisons : l'amour que j'ai et l'argent que je n'ai pas.

— C'est juste ma position; Félix, touche-moi la main.

— Malédiction! je comptais sur toi, Arthur...

— Pour de l'argent?

— Belle demande! je suis trop en fonds du côté de l'amour pour faire un emprunt. La richesse du cœur s'en va quand l'autre arrive.

— Eh bien! cher Félix, nous sommes millionnaires en amour...

— Tous deux... et nous n'avons pas le sou...

— Tous deux... Si je voulais acheter une chaumière pour y loger mon cœur, à l'échéance le cœur serait exproprié. A ce petit inconvénient près, mes affaires sont en bon chemin, et cette nuit j'ai fait des rêves d'or.

— Ah! mon cher Arthur, si tu pouvais monnayer tes rêves, quel service tu me rendrais!

— Je ne ferais que de la fausse monnaie, mon pauvre Félix.

— Il est vraiment injuste de faire le monopole des pièces de cinq francs dans un hôtel du quai Conti et d'enlever ce privilège aux citoyens... Une remarque profonde, cher Arthur : l'amour est la plus chère de toutes les denrées à Paris, et, à notre âge, on n'a jamais rien pour la payer.

— Tu te trompes, Félix, on la paye quelquefois.

— Et avec quelle monnaie, Arthur?

— Avec une monnaie qui n'a pas de cours chez les changeurs... avec le mariage.

— Merci; cette monnaie, à notre âge, a la valeur d'un assignat de la République. A propos, regarde mes cheveux, Arthur, regarde mes cheveux de bien près.

— Félix, je crois que tu grisonnes.

— Bravo, l'artiste! il ne m'a pas volé mon dernier écu. Palais-Royal, 176! Je me suis fait teindre mes cheveux noirs.

— En gris?

— En très-gris. Le père de ma chère Sidonie a les jeunes gens en horreur, et il ne salue jamais un cheveu brun ou blond. J'ai trente-cinq ans depuis hier.

— Oh! la bonne folie! Tu songes donc à changer un assignat de la République contre un billet de banque?

— Il me faut Sidonie, quand je devrais arriver par dégradation de teintes jusqu'aux cheveux blancs. Je me ferai chauve s'il le faut; je chanterai des airs du *Devin du village*; j'aurai pris la Bastille; j'aurai déjeuné avec Camille Desmoulins; j'aurai été pendu le 8 thermidor.

— Et ton père qui t'attend, cher docteur?

— Les pères ont toujours le tort d'oublier qu'ils ont été fils. Je le rappellerai au mien.

— Décidément, Félix, tu es plus fou que moi.

— Tu me flattes, Arthur. Tout ce que je t'ai dit jusqu'à présent est un langage plein de sagesse; veux-tu que j'achève ma confession?... Écoute, et tu n'oseras plus me traiter de fou; la parole et le dictionnaire te manqueront... Le père de Sidonie est un marchand de rubans, rue Saint-Denis... Ah! nous ne sommes pas fiers! C'est un excellent homme, qui n'a pas l'air d'être riche, mais sa fille est un véritable trésor. La rue Saint-Denis, qui a huit cents numéros et dix mille filles à marier, n'a pas, dans ses cinq mille étages, un plus bel astre roturier que ma Sidonie. J'ai voulu me faire présenter au père par son médecin, un Champenois de mes amis. On me présente ce soir. J'ai connu les goûts du père par le médecin, et je veux flatter ces goûts.

« M. Belliol est un intrépide lecteur de romans; il est abonné à trois grands journaux; il poursuit trois intrigues de feuilletons, et passe toutes ses soirées à discuter, avec sa fille Sidonie, sur les probabilités du triple dénouement. C'est l'unique plaisir de M. Belliol, absorbé d'ailleurs par les soins de son commerce et par l'éducation de sa fille. Cela m'a donné une idée incroyable, cher Arthur. N'ai-je pas eu l'effronterie de dire au médecin de M. Belliol que j'avais écrit une nouvelle, destinée à *la Presse*. Que de fois il faut mentir dans ce monde avec l'amour de la vérité! Tant pis pour la vérité! Pourquoi n'a-t-elle pas le succès du mensonge? Enfin, pour couper court, je suis invité par M. Belliol à lire, ce soir, ma nouvelle, que j'ai faite cette nuit. Le titre n'est pas encore trouvé. Tu conçois d'avance, comme moi, tout le parti que je puis tirer de cette lecture pour le succès de mon amour. Au moins je verrai Sidonie, astre invisible dans les constellations brumeuses de la rue Saint-Denis; je lui parlerai, je lui écrirai, je l'épouserai. Avec mes lectures je remplace un journal chez M. Belliol, et je deviens indispensable comme un abonnement... Tu vois, Arthur, que tu me ménageais en me traitant de simple fou.

— Au contraire, Félix, je me rétracte. Ce dernier trait me paraît fort sage et corrige la folie du premier. J'approuve ce plan. Notre époque a inventé un nouveau genre de séduction que tu vas mettre en vogue. Nos pères pénétraient au sein d'une famille à l'aide d'un quatrain. On minait la vertu d'une dame avec un sonnet ; on bouleversait une ruelle avec un madrigal ; avec un distique on incendiait un boudoir. Devant un couplet sur les douceurs de Bacchus ou les larcins de Cupidon toutes les portes s'ouvraient à deux battants. Aujourd'hui nous ferons tous un roman en six volumes pour nous rendre propices les pères et les mères. Au carnaval on se déguisera en feuilleton. Bravo, mon Félix, je réponds du succès. Léonie ne résistera pas.

— Tu l'appelles Léonie ?

— Belle question que tu me fais là, Félix ! Est-ce moi qui doit t'apprendre le nom de ta beauté ?

— Je crois qu'elle se nomme Sidonie, mais je n'en suis pas bien sûr. Au reste, nous saurons cela ce soir. Je t'invite, Arthur, car j'ai le droit d'amener un ami, je t'invite à la lecture de mon roman chez M. Belliol.

— Merci de la préférence. L'ennui sera-t-il tolérable au moins ? as-tu ménagé la patience de tes auditeurs ?

— Ah ! je ne promets pas un roman de Dumas ou de Balzac. C'est le début d'un jeune docteur en médecine. Il faut avoir égard à l'âge du romancier.

— En échange, Félix, je te conterai mes aventures de ces derniers jours, en montant la rue Saint-Denis, ce soir.

— Aujourd'hui, Arthur, t'occuperas-tu de tes amours ?

— Aujourd'hui, dimanche, relâche. Le païen Bonchatain ouvre sa boutique, mais sa fille ne descend pas et ne sort pas. Demain, lundi, j'entre en campagne avec un plan nouveau et superbe.

— Alors tu seras tout à moi... Je vais me promener sur le quai pour chercher un titre à mon roman.

— Eh bien ! par la même occasion, Félix, cherche un banquier honnête qui accepte une lettre de change à trois mois.

— Sur quelle garantie !

— Parbleu ! la garantie de tes malades et de mes clients.

— Sans outrager tes clients, le titre de ma nouvelle est plus facile à trouver... Adieu, Arthur, et à bientôt ; le dimanche suspend toutes les affaires d'argent ; c'est un jour inventé à Rome par les prêteurs. Demain, lundi, nous aurons une idée ; le lundi est un jour charmant : il amène toujours quelque chose de neuf. Le monde a été créé un lundi (1).

Les deux jeunes amis se séparèrent en se donnant rendez-vous pour neuf heures du soir, sur la place du Châtelet, devant la fontaine. Ils furent exacts comme deux aiguilles de Bréguet, et ils s'enfoncèrent, cherchant un numéro, dans cette longue et grande ville qu'on appelle la rue Saint-Denis.

L'appartement que M. Belliol occupe, au premier étage de sa maison, est meublé avec goût et distinction ; tout y est uni, soyeux, chatoyant, comme la marchandise élégante qui se débite au magasin. On y a supprimé les angles ; ils sont remplacés par des coins ronds. Cet appartement a un sexe : il est efféminé comme un boudoir.

On dit que la charmante fille de M. Belliol a présidé elle-même à la décoration des salons et des chambres, et qu'elle a laissé partout l'empreinte de ses jolies mains. Aussi la grande pièce de réception a évité les écueils du style bourgeois. Il n'y a pas l'ombre quadrupède d'une seule chaise. Les fauteuils permettent de s'asseoir à l'aise. On a prodigué les divans, qui invitent les lèvres causeuses à se rapprocher des oreilles discrètes. Il y a un grand luxe de coussins tendres pour les coudes et les pieds. La cheminée a une belle robe d'été, moitié velours, moitié dentelle. La pendule a chassé la cloche du verre ; elle est d'un beau bronze florentin et représente Esméralda jouant avec sa chèvre ; son cadran corrige celui de l'Hôtel-de-Ville dans ses écarts. Au milieu de ce salon, un vase de cristal à gueule évasée fait jaillir un immense panache de fleurs d'élite sur le marbre d'un guéridon.

Ce soir-là le salon de M. Belliol resplendissait de bougies dont l'éclat faisait ressortir le jaune moelleux des tentures et les broderies à l'aiguille des rideaux. Avant neuf heures la société était déjà nombreuse et fort curieuse à observer. Les chefs de famille des deux sexes avaient un maintien honnêtement bourgeois qui tranchait avec l'allure fringante et dégagée des jeunes demoiselles. Il y avait, entre cet âge mûr et cet âge en fleurs, tout l'abîme d'un siècle de civilisation. La mère avait cent ans de plus que sa fille. L'une faisait une profonde et majestueuse révérence de menuet en entrant ; l'autre secouait gracieusement son cou de cygne, avec un sourire virginal qui rayonnait des boucles fleuries de ses cheveux à la pointe de ses pieds de satin. Les pères, groupés dans un angle, et agitant un gant libre dans une main gantée, ressemblaient à des portraits de l'exposition de 1836. Les filles de ces pères circulaient de salon

---

(1) D'après la *Genèse*, la semaine commence un lundi et finit le dimanche, qui est le *jour du Seigneur*, le jour du repos. D'après le *Dictionnaire de l'Académie*, elle commence le dimanche. On devrait mettre d'accord ces deux autorités. La loi nouvelle a détruit et changé l'ordre chronologique des jours de la semaine. *Antiquum documentum novo cedat ritui !*

en salon avec une vivacité adorable, feuilletant les albums, essayant les pianos, déchiffrant les partitions, lutinant les fleurs des corbeilles, souriant aux miroirs, et se prodiguant des caresses mélodieuses avec des éclats de rires enfantins.

Arthur et Félix parurent, et, après les formules d'usage échangées entre eux et les maîtres de la maison, ils se mirent à circuler au milieu de ce monde.

— Monsieur, avait dit Belliol à Félix, ma fille Léonie va chanter quelque chose, avec mademoiselle Georgina Fleschel, et après nous aurons l'honneur de vous entendre.

L'arrivée de nos deux jeunes gens causa une certaine sensation. Leur mise était irréprochable; on aurait dit que Gavarni les avait dessinés. Tout ce qu'il y avait en eux de trop juvénile et d'antimatrimonial disparaissait à vue d'œil; ils venaient de prendre leurs trente ans, et Félix, avec ses cheveux d'un gris menteur, pouvait même s'en donner cinq de plus.

Un ami de la maison qui faisait les honneurs de la soirée leur montra deux fauteuils, en les invitant à s'asseoir, et il s'assit à leur côté.

— Monsieur, lui dit Arthur, ce monde est ravissant à voir. M. Belliol est bien heureux de pouvoir rassembler chez lui tant de jeunes et jolies femmes : c'est sans doute la fleur du quartier Saint-Denis?

— Oh! non, monsieur, dit le voisin; toutes ces jolies demoiselles sont des amies de Léonie, et elles arrivent de tous les quartiers de la ville. Regardez cette belle blonde qui a des groseilles dans ses cheveux; elle vient de l'extrémité du faubourg du Roulé; c'est la fille d'un ébéniste qui a cent mille francs de rente et qui continue à travailler comme un ouvrier; il a la passion de son état. Il vient de meubler le cabinet particulier du duc de Nemours. Je puis encore vous montrer une demoiselle qui demeure au bout de la rue de Sèvres, cette petite brune qui rit toujours et qui embrasse sa mère. C'est une fille unique. Elle a perdu son père en 1841, un excellent homme, qui avait cette belle boutique de cristaux et de porcelaine de Saxe. Il a laissé un million. Cette jeune personne qui vient de passer devant nous, et qui a de si beaux cheveux noirs, habite la Villette. Son père a une grande maison de roulage et fait presque tous les transports de marchandises sur le canal. Savez-vous ce qu'il a gagné, en 1843, son bilan fait? J'ai assisté à l'apurement... Il a gagné cent quarante-trois mille francs quatre-vingt-cinq centimes.

— Il n'y a donc que des filles de millionnaires dans ce salon? dit Arthur en croisant ses mains de stupéfaction et les élevant sur sa tête.

— A peu près, dit le voisin avec calme, et encore la plus riche de toutes n'est pas arrivée; mais, comme elle passe tous ses dimanches au château de son père, près d'Asnières, elle ne viendra que par le dernier convoi du chemin de fer.

— Ah! je serais bien aise de la voir, surtout si elle est jolie.

— Ah! mon Dieu! dit le voisin, je ne sais comment cela se fait aujourd'hui à Paris; mais toutes les demoiselles sont jolies. Je crois que c'est la peinture ou la lecture des romans qui nous vaut cela... Pour revenir à la demoiselle que nous attendons, elle a un père qui est bien le plus original de tous les hommes. Il a gagné des millions en vendant des antiquailles à des amateurs.

— Et vous la nommez? dit Arthur avec une émotion facile à comprendre.

— Son père l'appelle Psyché, mais nous l'appelons tous, comme son parrain, Eugénie.

— Eugénie Bouchatain? dit Arthur en se contenant.

— C'est cela, dit le voisin. Vous la connaissez?

— Je connais son père, un peu.

— Ah! vous verrez un miracle de beauté... C'est l'amie intime de Léonie Belliol.

— Eh bien! dit Arthur à l'oreille de Félix, si tu mettais cela dans un roman, on crierait à l'invraisemblable.

— Du sang-froid, Arthur! murmura Félix.

— On m'a dit aussi, dit Arthur au voisin, que la fortune de M. Belliol est considérable?...

— M. Belliol a quatre maisons de commerce : à Paris, à Saint-Étienne, à Nîmes, à Marseille; il réalise, bon an mal an, cent mille francs de bénéfices. Cette partie est bonne quand on sait la faire valoir. Les dernières années surtout, les rubans ont beaucoup donné. La maison où nous sommes est la plus grande de la rue Saint-Denis. Elle peut contenir trente ménages. On a offert à M. Belliol huit cent cinquante mille francs; il en demande un million.

Félix avait des oreilles sur tout son corps pour entendre cette dernière phrase du voisin.

En ce moment on annonça M. et mademoiselle Bouchatain.

Arthur pria son fauteuil de le soutenir.

A sa démarche solennelle, à son costume directorial, à sa physionomie sacerdotale, M. Bouchatain ressemblait à un Corybante conduisant une prêtresse de Vesta au temple rond qui se mire encore dans le Tibre, près de l'arc des Orfèvres. Mademoiselle Eugénie portait une robe blanche, simple comme une tunique et enivrante d'indiscrétions. Ses cheveux noirs pleuvaient en anglaises sur son cou d'Hébé; ses longues tresses qui, dans l'âge d'or de Saturne et de Rhée, auraient pu lui servir de voile d'ébène, comme à la déesse de la Nuit, se repliaient, à la mode grecque, sur l'extrémité de la tête et se fondaient, avec une grâce adorable, dans les fleurs d'ivoire du *Stanhopea* indien. Ses yeux d'iris, lumineux et limpides, avaient des rayons d'une douceur ardente, et donnaient à son sourire ce charme céleste que l'azur pâle de l'horizon emprunte aux premières étoiles du levant dans les nuits d'été.

Toutes les jeunes femmes se levèrent comme un vol de cygnes, pour embrasser leur amie, à la porte du salon, et la mélodie rossinienne qui allait bientôt ravir les oreilles ne devait pas être plus mélodieuse que cette musique de lèvres virginales, exprimant toutes les tendresses de l'amitié.

— Qu'elle est belle! dit Arthur tout bas à Félix, et comme toutes ces jeunes filles sont heureuses!

— Mais où donc chacune de ces demoiselles, dit Félix, a-t-elle connu les autres, et d'où leur vient à toutes cette grande amitié?

— Elles ont probablement été élevées à la même pension, dit Arthur, et elles ne se sont pas oubliées ensuite.

— Il est triste de penser que cela ne durera pas toujours, remarqua Félix.

Un prélude de piano se fit entendre et suspendit les conversations isolées et les caresses des jeunes femmes.

— Ah! voilà le mauvais moment de la soirée, dit Arthur. Je redoute cet incident comme le passage d'un omnibus dans une réunion de cabriolets. On va chanter la romance obligée sur le conscrit partant pour l'armée ou le petit noir vendu à des blancs inhumains. Comme toutes les chanteuses vont être laides pour moi pendant trois couplets.

— Arthur, dit Félix en croisant ses bras et prenant une attitude de résignation, il faut nous habituer de bonne heure aux romances si nous voulons vivre en société.

La fille du marchand de rubans et mademoiselle Georgina, la fille de l'ébéniste, se placèrent devant le piano.

Le jeune homme qui les y avait conduites distribua les morceaux de partition, et, au milieu de ce monde bourgeois, on entonna le funèbre et merveilleux trio final de *Sémiramide*, *l'Usato ardir*, *il mio valor dove*. Arthur et Félix n'ajoutaient foi ni à leurs oreilles, ni à leurs yeux. Ils admirèrent d'abord la pose à la fois gracieuse et superbe des deux jeunes filles, et puis la distinction passionnée de leurs figures d'artistes, et le timbre virginal de leurs voix, qu'une atmosphère de coulisses n'avaient pas fêlées. Le trio fini, toutes les jeunes mains applaudirent, et Félix, qui avait levé les siennes par-dessus le front, oublia de les faire retomber, comme si l'enthousiasme l'eût pétrifié sur son fauteuil.

— Ces demoiselles ont d'admirables voix et une méthode exquise, dit Arthur.

— Ah! c'est qu'elles ont eu un excellent professeur, dit l'officieux voisin : ce sont les meilleures élèves de madame Damoreau.

— Leurs mères, dit Arthur, chantaient : *Quand on sait aimer et plaire*... Il y a loin de là au *l'Usato ardir!*

— C'est comme ça, remarqua le voisin en levant les yeux et les mains au plafond.

M. Belliol traversa majestueusement le salon, et, s'inclinant devant Félix, il dit :

— Maintenant, nous n'attendons plus que votre bonne volonté.

Le jeune docteur en médecine prit gravement son manuscrit, et, après avoir assoupli le premier feuillet en le sillonnant avec l'ongle du pouce droit, il prononça le titre de sa Nouvelle d'une voix mâle et distincte : *Santa-Croce*, dit-il, et, ayant fait une assez longue pause comme pour préparer son intonation, il ajouta :

— Le titre de ma Nouvelle est un titre comme un autre ; c'est le nom du héros principal, un Corse de noble origine. Cet ouvrage est mon début dans la carrière du roman ; il doit être publié dans *la Presse* entre *la Reine Margot* d'Alexandre Dumas et un roman de Méry.

Un frissonnement de plaisir courut dans le salon ; les demoiselles prirent des poses charmantes et croisèrent les plus jolis bras du monde sur leurs corsages. M. Belliol se donna un air triomphant ; M. Bonchatain, scandalisé du titre de *Santa-Croce*, s'endormit, et le jeune docteur commença.

IV

SANTA-CROCE

Le 27 décembre 1830, une calèche de voyage suivait la route qui conduit de Toulon à Hyères. Quoique cette route fût fort belle dans cette saison, les chevaux de poste ne marchaient qu'au pas le plus lent, et le postillon les modérait tout de suite dès qu'une velléité de trot se manifestait dans l'attelage. Les heureux paysans qui, dans ce paradis terrestre, laissent au ciel le soin de travailler pour eux, et qui surtout vivent d'air et de soleil, regardaient passer presque sans étonnement cette chaise de poste presque immobile, et secouaient la tête avec mélancolie, comme font ceux qui assistent au défilé d'un convoi funèbre. Au reste, ce triste spectacle est assez fréquent au cœur de l'hiver sur cette route. Le village d'Hyères est le dernier médecin que la maladie au désespoir va consulter, et souvent ce Midi embaumé, lumineux, tiède, accueille avec bonheur les agonisants du Nord, et leur accorde un sursis ou la santé.

La calèche était ouverte, car l'hiver n'était qu'au calendrier, et le soleil, en s'inclinant derrière les hautes collines de la mer, laissait encore à la campagne une chaleur douce et une atmosphère tranquille, comme dans les plus beaux mois de l'été. Un voyageur d'un âge mûr occupait seul le fond de la voiture ; sa figure pâle, ses yeux éteints, sa pose immobile ne laissaient aucun doute sur le degré alarmant de sa maladie. A l'autre siège on remarquait, avec un intérêt plein d'émotion, une jeune dame et un enfant de treize à quatorze ans. La dame paraissait absorbée dans une douleur profonde, et ses beaux yeux noirs, qui semblaient avoir versé leurs dernières larmes, n'avaient pas un regard à donner aux splendeurs sereines que la nature prodiguait sur cette terre aux mille jardins. L'enfant exprimait sur sa figure nerveuse une intelligence au-dessus de son âge ; il avait appuyé sa tête sur les genoux de la jeune femme, et il regardait tristement le ciel, comme pour l'accuser de lui faire commencer sa vie au milieu de ces grandes et muettes douleurs. Les armes de cette famille étaient peintes sur les panneaux de la voiture, une *croix potencée* sur un *champ d'azur*, avec cette devise : *Morto vivo*.

Au pied de la petite côte que domine l'hôpital d'Hyères la voiture s'arrêta et le postillon descendit. Plusieurs domestiques ouvrirent un portail, et les chevaux traversèrent une jolie allée d'orangers, et ne s'arrêtèrent que sur le perron d'une petite maison qui était *à louer présentement*, ainsi que l'annonçait un écriteau de bois qu'on avait oublié d'enlever.

— C'est M. le comte et madame la comtesse de Santa-Croce, dit un domestique à un paysan concierge qui tenait un trousseau de clefs.

Le paysan ouvrit la grande porte, et dit en provençal quelques mots qui signifiaient que tout était prêt pour recevoir les nouveaux locataires attendus.

La jeune dame et l'enfant descendirent et s'arrêtèrent sur le perron pour assister à un spectacle plus cruel que celui que le voyage avait éternisé ! Deux domestiques soulevèrent avec efforts le noble malade, et, sans s'arrêter aux salles basses de la maison, ils le déposèrent sur un lit. Tout cela fut fait dans un silence morne. La jeune femme et l'enfant suivirent cette espèce de convoi funèbre, et s'assirent à côté du lit, en comprimant des sanglots.

Un observateur exercé aurait compris que cette sombre désolation domestique sortait du répertoire vulgaire des douleurs humaines, et qu'elle avait une cause mystérieuse en dehors de l'agonie d'un chef de maison. Mais comme ce dernier motif était suffisant pour expliquer et justifier naturellement une désolation pareille, on ne chercha pas d'autres raisons parmi les voisins et les passants. Il fut donc admis que le malade était un riche et noble voyageur, attaqué d'une phthisie pulmonaire à l'extrême degré ; qu'il venait, comme tant d'autres, demander sa guérison à ce doux climat ; qu'il avait loué pour l'hiver cette jolie maison, où le service était organisé déjà depuis longtemps, et que la jeune femme, dévorée par le long chagrin causé par les souffrances incurables de son mari, ne lui survivrait pas probablement. On plaignait le fils, à la veille d'être orphelin. Au reste, le public causeur se contente toujours des apparences, par vieille habitude, et par vieille habitude aussi il se trompe toujours. Cela devrait le décourager ; mais que lui resterait-il à dire s'il ne se trompait pas ?

Le médecin en chef de l'hôpital d'Hyères arriva bientôt, et, avant de voir le malade, il voulut connaître les antécédents de la maladie. On les lui donna dans les plus minutieux détails. Le comte Santa-Croce avait reçu, le 28 juillet 1830, une blessure grave à la tête, qui le privait par intervalles de l'usage de la raison, car la région cérébrale était lésée. Au mois d'octobre il avait été frappé d'une attaque d'apoplexie qui le paralysait complètement, et, depuis cette époque, sa maladie était devenue plus alarmante de jour en jour. Les premiers médecins de Paris consultés sur son état avaient conseillé au malade d'aller passer la mauvaise saison à Hyères. C'est le remède ordinaire quand il n'y en a plus.

On conduisit le médecin à la chambre du comte Santa-Croce ; sa femme et son fils sortirent avec des visages inondés de pleurs.

— Vous êtes le docteur de l'endroit ? dit le comte au médecin d'une voix qui se traînait sur chaque syllabe.

— Oui, monsieur, répondit le docteur, et je viens vous faire une visite de voisin à votre arrivée ; ma maison est de l'autre côté de la route.

— Je ne vous la rendrai pas votre visite, dit le comte avec un sourire affreux..... du moins en ce monde.

— Monsieur le comte, avant tout il faut que le courage du malade vienne en aide à la science du médecin ; nous avons besoin...

— Docteur, dit le malade en essayant de faire un mouvement de bras pour interrompre la phrase, docteur, rien d'inutile, je vous prie ; j'ai le courage de connaître mon état et de ne pas me faire illusion. J'ai réglé mon compte avec les hommes, et Dieu m'attend pour régler le mien.

— Vous me permettrez pourtant de faire mon devoir, monsieur le comte ?

— Faites.

Le médecin ouvrit les fenêtres, souleva les persiennes, et examina le malade avec une attention tranquille, comme il eût fait pour une indisposition de petite-maîtresse imaginaire ; puis, avec un sourire de bon espoir et un geste respectueux :

— Monsieur le comte, dit-il, serez-vous assez ami de vous-même pour suivre l'ordonnance que je vous prescrirai ?

Un sourire étrange servit de réponse.

Le docteur, la tête inclinée sur le lit, attendit quelques minutes ; la réponse n'arrivant pas, il salua et sortit.

La comtesse Santa-Croce, assise dans le vestibule, leva la tête au bruit des pas du médecin et l'interrogea par un silence expressif.

Le médecin demanda une plume et du papier, écrivit quelque temps, donna son ordonnance à un vieux domestique, qui se tenait debout à côté de sa maîtresse, et pour toute réponse à l'interrogation muette il regarda le ciel et fit un geste mêlé de consolation et de désespoir, ce geste suprême qui signifie : Dieu est grand !

Au milieu de la nuit, un domestique sortit de la chambre du malade et vint dire à l'oreille de sa femme, assoupie sur un fauteuil, que M. le comte demandait son fils.

La jeune femme tressaillit, car il lui sembla que le père voulait voir une dernière fois son enfant, et elle ne se trompait pas.

Sur l'ordre du père l'enfant fut amené dans la chambre, où il resta seul.

— Mon fils, dit le comte de Santa-Croce en se réchauffant avec effort à cette suprême flamme de vie que la nature prête aux agonisants ; mon cher fils, tu es un enfant par l'âge, mais tu es déjà presque un homme par ton énergie précoce et ta volonté. Ainsi ne pleure pas. On ne pleure pas dans notre famille. Les larmes ne vont qu'aux yeux des femmes. Je vais bientôt mourir, ou pour mieux dire me continuer en toi, car les Santa-Croce ne meurent jamais, comme dit la devise de leur maison : Le fils continue le père, *Morto vivo*..... Écoute, mon fils, détache de ma ceinture une lettre que mon bras invalide ne peut te donner..... Bien...... Garde cette lettre comme un trésor sans prix. Elle contient le sang des veines de ton père. Tu porteras cette lettre sur ton corps jusqu'à l'âge de vingt et un ans. Lorsque l'heure de ta majorité sonnera, tu rompras le sceau de mes armes, et tu liras ce que le comte de Santa-Croce écrit à son fils unique et bien-aimé.

L'enfant baisa la lettre avec respect, fixa sur le lit ses grands yeux noirs illuminés d'un feu sombre, et, s'agenouillant, il cueillit avec ses lèvres, sur la main de son père, la bénédiction que l'agonisant paralytique ne pouvait lui donner.

Avant le lever du soleil le comte de Santa-Croce rendit le dernier soupir.

———

Arrivé à ce passage, le jeune docteur en médecine ferma lentement son manuscrit, et d'une voix grave il prononça la redoutable formule : *La suite au prochain numéro.*

Une sédition féminine éclata dans le salon. — Comment ! la suite au prochain numéro ! s'écrièrent en chœur les plus fraîches voix du salon ; c'est déjà bien assez de lire cette ligne au bas de notre journal tous les matins, il faut encore l'entendre ici ! Ah ! vous n'êtes pas un journal imprimé, vous, monsieur ! Vous lirez votre nouvelle jusqu'à la fin.

M. Belliol calma d'un geste paternel la charmante colère des jeunes filles, et, s'avançant avec gravité vers Félix, il le pria de vouloir bien se rendre au vœu général et de continuer sa lecture, en supprimant cette odieuse ritournelle qui empoisonnait leur pain quotidien.

Le jeune romancier en germe se leva nonchalamment, effleura un verre d'eau sucré avec une lèvre dédaigneuse, comme on fait aux Rostres du Palais-Bourbon, et dit avec un accent parlementaire : — Mon intention n'était pas de borner mon honorable tâche de ce soir à ce court prologue. Ma nouvelle de *Santa-Croce* étant d'une nature sérieuse, trop sérieuse peut-être, je voulais l'alterner avec une autre nouvelle d'un genre tout opposé, intitulée : *la Pêche au Lion*, etc...

(Interruption sur les divans des jeunes demoiselles. Quelques voix : *Continuez* SANTA-CROCE ; *nous entendrons* LA PÊCHE AU LION *après.*)

— Parle donc un peu pour moi, dit Arthur vivement à l'oreille de Félix ; tu ne songes qu'à toi. Le succès t'enivre. Tu épouses Léonie demain.

— Attends donc, dit Félix, ton tour viendra.

— Songe à mon Eugénie et à son païen de père.

— Attends donc, te dis-je, nous aurons un succès fou. Cela réussit trop. Belliol est aux anges.

Pendant ce court entretien, la sédition continuait sur tous les fauteuils et les divans. Les avis étaient partagés ; les hommes demandaient *la Pêche au Lion*, pour rire un peu, disaient-ils ; toutes les femmes criaient : *Santa-Croce*. Belliol, plus triomphant que jamais, recueillait les voix.

Félix, pour ramener le silence ouvrit le manuscrit, et, avant de continuer, il fit en ces termes une nouvelle annonce :

— Après *Santa-Croce* et *la Pêche au Lion*, mon ami, M. Arthur Greminy, aura l'honneur de vous lire une nouvelle antique, intitulée *le Gladiateur*.

M. Bonchatain, que le tumulte avait réveillé, inclina la tête en signe d'adhésion. M. Belliol, au comble de l'exaltation, se vit lancé dans un avenir exempt d'ennuis et rempli d'émotions intarissables. Il avait réalisé un rêve ; il avait personnifié le journal du journal du soir ; il découvrait, à son insu, le feuilleton vivant. — Et pourtant, disait-il avec une modestie touchante, je ne suis qu'un simple boutiquier de la rue Saint-Denis.

Un *chut!* mélodieux comme une gamme soutenue, comme une gamme à l'unisson par un gosier d'or, retentit dans l'auditoire, et le jeune romancier continua son récit de *Santa-Croce*.

Après la mort de son mari, la comtesse de Santa-Croce fut saisie d'un désespoir peu commun dans les veuvages. Elle aurait voulu quitter sur-le-champ cette triste maison, qui avait été pour le noble voyageur l'étape de la mort ; mais une violente crise nerveuse ne lui permit pas de choisir une autre retraite de deuil, même dans le voisinage. Il fallut rester devant ce parron funèbre, inauguré par un cercueil.

Quand les femmes pleurent, il est souvent fort difficile de reconnaître l'origine de leurs larmes. C'est comme le fleuve d'Égypte : on le voit couler, mais personne ne connaît sa source. Dans cette occasion, cependant, il était impossible de se méprendre. Les beaux yeux de la comtesse, que la douleur semblait avoir déjà taris avant la mort de son époux, retrouvèrent des larmes nouvelles pour arroser sa tombe ; et, le soir, ceux qui passaient sur cette terrasse, où la jeune veuve s'abîmait dans sa douleur, assise comme une statue de mausolée, levaient les mains au ciel et semblaient la supplier d'adoucir ce touchant et inconsolable désespoir.

Les étrangers de distinction qui séjournaient à Hyères s'empressèrent d'offrir leurs devoirs et leurs cartes à la veuve ; mais elle ne reçut personne et s'obstina dans son isolement. Elle ne voulait d'autre consolateur que son fils, dont elle ne se séparait jamais pendant l'hivernage. La société convalescente et oisive de ce pays ne s'entretint que de la veuve invisible ; elle devint le texte de tous les entretiens ; on avait épuisé les formules d'admiration en toutes les langues de l'Europe, et lorsque la comtesse Santa-Croce, vêtue de noir et voilée avec transparence, se rendait le dimanche à l'église, toutes les têtes se découvraient par respect, et les femmes enthousiastes, n'osant s'élever jusqu'au visage de la mère pour le couvrir des caresses de l'admiration, embrassaient le bel enfant qu'elle tenait par la main.

Ici mademoiselle Léonie Belliol se leva vivement et interrompit le lecteur.

— Pardon, monsieur, dit-elle avec une grâce adorable qui fit excuser l'interruption, voilà déjà plusieurs fois que vous parlez de cet enfant et vous n'avez pas dit son nom. Tout les enfants ont un nom.

— Mademoiselle, dit Félix, toujours avec un air grave, cet enfant porte le nom de son père ; il se nomme Santa-Croce.

— Oh ! nous le savons tous ; mais son nom de baptême ?

— J'ai cru qu'il était inutile de lui en donner un. Si vous voulez être sa marraine, il ne tient qu'à vous, mademoiselle, de le baptiser.

— Très-volontiers, dit Léonie avec un éclat de rire qui fut contagieux parmi ses belles amies. C'est une famille italienne, n'est-ce pas ?

— Une famille corse, mademoiselle.

— Eh bien ! je nomme mon filleul Léonio.

— Il est très-bien nommé. Le voilà donc, Léonio Santa-Croce, par la grâce de votre choix.

M. Belliol qui ne se possédait plus, promena un regard de satisfaction sur son peuple, et dit d'une voix tremblante de bonheur :

— Remarquez donc, messieurs, l'énorme avantage de ces lectures, quand on a le bonheur d'écouter le romancier au lieu de le lire ; on se lève, on l'interrompt, on le fait expliquer ; on s'éclaircit d'un doute ; on le prie de continuer quand il s'arrête. C'est vraiment inappréciable tout cela.

La société fit un signe d'adhésion.

Félix reprit son manuscrit et continua, au milieu du plus profond silence.

Le printemps, selon son usage, avait passé l'hiver à Hyères ; mais, lorsque le calendrier l'annonça officiellement, la comtesse Santa-Croce partit pour Paris avec son fils, et descendit à sa maison de la rue Castiglione. La vie qu'elle s'imposa dans cette grande ville ne différait pas trop de celle qu'elle avait subie à Hyères ; seulement, quand la pluie ne tombait pas, notre jeune et belle veuve allait s'asseoir au jardin des Tuileries, séparé de sa maison par cette moitié de rue qu'on appelle Rivoli ; elle lisait les journaux ou regardait courir son enfant, et ne daignait jamais répondre par la plus innocente pose de coquetterie aux banales exclamations d'enthousiasme que poussent les jeunes promeneurs en passant devant une femme isolée et vêtue de noir.

Le désespoir inconsolable ne finit jamais dans les cœurs éternellement sensibles, mais arrive un jour qui fait tomber le deuil de la robe de veuve et voit lever la blanche aurore des consolations. La noble dame signala cette ère nouvelle de sa vie par une bonne pensée bien maternelle. Son fils Léonio avait interrompu ses études depuis longtemps. En prenant sa première robe émaillée de fleurs, la comtesse lui dit :

Mon cher enfant, ton éducation n'est pas faite, et tu auras bientôt quatorze ans. On est déjà un homme à cet âge dans ton pays. Je te conduirai demain au collége Henri IV, où tu reprendras le cours de tes études, et tu travailleras bien, mon ami.

— Maman, dit Léonio, je ne demande pas mieux que de m'instruire. J'ai perdu beaucoup de temps, et je veux le réparer. Tu seras contente de moi ; c'est mon devoir de donner des consolations à ta vie, et je ne manquerai pas à mon devoir.

Puis il ajouta en embrassant affectueusement sa mère :

— Mais tu viendras me voir quelquefois ?

— Oh ! souvent, dit la mère en lui rendant ses caresses, très-souvent, tous les huit jours, et tu auras une sortie tous les mois.

— Et dans les vacances, maman, nous irons à Hyères pour jeter des couronnes sur le tombeau de papa ?

La mère embrassa son fils une seconde fois, et lui permit d'aller jouer aux Tuileries avec sa gouvernante, en attendant la prison du collége qui devait s'ouvrir devant lui le lendemain.

Le comte de Santa-Croce était mort depuis deux ans, et la vie monotone de sa veuve n'avait subi aucun changement ; elle ne recevait que quelques parents et écartait les amis. Aux jours de sortie du collége elle conduisait son fils aux jardins publics, aux musées, aux théâtres, partout enfin où il y avait à prendre un plaisir ou une instruction. Léonio se développait merveilleusement ; sa taille souple et nerveuse, sa figure longue et mobile, son front saillant couronné de cheveux noirs en broussailles, ses yeux de Corse montagnard, sa démarche fière, son geste vif et dominateur, tout annonçait en lui des germes de passions inexorables que l'âge devait amener nécessairement à leur maturité, si l'éducation n'organisait pas contre la nature primitive un heureux contrepoids de sagesse, de bon sens et de réflexion. Tel était l'espoir de la mère. Les mères espèrent toujours. L'Espérance est une femme qui tient une ancre sous ses pieds. On a vu bien des ancres se briser au vent.

Un jour de sortie, la gouvernante ramena du collége le jeune Léonio à sa maison de la rue Castiglione. En entrant dans le salon pour embrasser sa mère, l'enfant trouva un visiteur inconnu, assis devant le feu, et qui voulut aussi l'embrasser.

— Tu ne connais pas ce monsieur, dit la mère ; c'est le comte Wilfrid de T..., un ancien ami de ta famille, et qui arrive de Londres.

Le comte Wilfrid paraissait avoir trente ans ; sa mise, son visage et son maintien étaient fort distingués ; il avait surtout cette douceur de voix et de regard qui attire les enfants et les attache. Léonio leva bien haut sa main droite et la laissa brusquement retomber sur la main du comte, qui le serra sur sa poitrine et l'embrassa.

— Quel beau garçon vous avez là, madame, dit le comte Wilfrid. On lui donnerait dix-huit ans si on ne connaissait pas l'âge de sa jeune mère. Eh bien ! Léonio, qu'apprends-tu de beau, à Henri IV ?

— J'apprends tout, monsieur ; dit l'enfant en continuant de jouer avec la main de son interlocuteur.

— Tout !... mon ami, mais, c'est beaucoup, cela ; tu en sauras trop. Quel auteur latin expliques-tu ?

— Virgile, le second livre.

— Et cela t'intéresse beaucoup, sans doute ?

— Oui, monsieur, parce qu'il y a des batailles.

— Et de fameuses batailles, mon ami : *Fracti bello, fatisque repulsi*, etc.

— Tiens ! vous vous souvenez de cela, vieux comme vous êtes !

— Que parles-tu de vieux ? dit la comtesse en riant ; M. le comte est un jeune homme.

— Jeune... jeune, dit l'enfant, il a des cheveux gris dans ses cheveux blonds, et beaucoup.

— C'est que M. le comte a eu de grands chagrins, dit sa mère revenue au sérieux.

— Ah ! quelle drôlerie ! s'écria l'enfant ; le chagrin donne des cheveux gris. Alors pourquoi n'en ai-je pas, moi qui ai eu tant de chagrins au collége ?.... Hier encore j'ai eu une dispute avec mon professeur... Vous allez être juge, monsieur le comte, entre lui et moi, puisque vous n'avez pas oublié Virgile, tout vieux que vous êtes... Comment expliquez-vous *Per amica silentia lunæ*.

— Je l'explique, mon jeune ami, comme on doit l'expliquer. C'est-à-dire que les Grecs profitèrent de l'absence favorable de la lune pour quitter leur retraite de Ténédos et aborder au rivage de Troie. Par un beau clair de lune ils n'auraient pas réussi, on les aurait découverts.

L'enfant battit des mains, trépigna de joie, et sauta au cou du comte Wilfrid, qu'il couvrit de caresses. Le visage de la belle veuve rayonna de bonheur.

— *Vivat !* cria l'enfant ; vous méritez le prix d'excellence, monsieur le comte, et demain je vous prends par la chaîne de votre montre, et je vous traîne, malgré vous, au collége pour répéter votre explication à mon professeur. Il veut me soutenir, lui, que cela signifie : *par un clair de lune favorable*, et il m'a menacé des arrêts si je soutenais le contraire. Toute la classe a crié : Santa-Croce a raison, et il a puni toute la classe. Mais il ne vous punira pas, vous, comte Wilfrid.

— J'irai, mon ami, j'irai avec toi.

— Et vous parlerez à mon professeur?

— Eh! mon Dieu! oui, je te le promets : tu verras si j'ai peur.

— J'ai dit à mon professeur : Comment voulez-vous que les Grecs qui veulent surprendre une ville soient assez bêtes pour choisir une nuit de clair de lune? Moi, qui ne suis pas un Grec, j'ai retardé, pendant tout un dernier quartier, ma descente dans un jardin où je voulais prendre des fruits; j'ai attendu l'absence complète de la lune pour faire mon opération. Alors, savez-vous ce que m'a répondu le professeur?

— Non, mon ami.

— Il m'a puni pour avoir pris ces fruits.

— Certainement, mon ange, tu as eu tort de prendre ces fruits, mais ton professeur, avant de te punir, aurait dû te répondre. Il a plus de tort que toi.

— Oh! monsieur le comte, dit Léonio exalté, comme vous êtes juste et bon, vous! et comme je vous aimerai! Savez-vous le grec comme le latin.

— Oui, mon enfant.

— Ah! c'est juste, vous êtes décoré; eh bien! je vous avoue franchement que mon professeur m'ennuie, et que le collége ne m'amuse pas. Voulez-vous être mon professeur, vous? Je ne quitte plus la maison, je ne quitte plus maman.

— Mais, mon petit Léonio, dit le comte en plaçant l'enfant sur ses genoux, tout cela pourrait bien se faire. Ce n'est peut-être pas une mauvaise idée. Voyons, que pense la belle maman de ce projet?

— Oh! maman fait tout ce que je veux.

— Que dites-vous là, monsieur! fit la comtesse en donnant un soufflet caressant à son fils.

— Ecoute, Léonio, dit le comte Wilfrid en faisant courir ses doigts dans la rebelle chevelure de l'enfant, écoute : tu t'ennuies beaucoup au collége, n'est-ce pas?

— Oui, comte Wilfrid; il me semble, dans la cour du collége, que j'ai pour casquette le dôme du Panthéon; l'air m'étouffe : mon professeur ne sait pas le latin; hier j'ai touché trois fois mon maître d'escrime par une feinte de bas en haut; mon maître d'équitation a peur des chevaux arabes..... S'ils veulent tous me prendre pour professeur, je reste; comme élève je meurs d'ennui, et ma mère est orpheline. C'est décidé, je sors.

— Et si j'ordonnais à ta mère de me prendre pour professeur, que dirais-tu?

— Ordonner! murmura Léonio en regardant sa mère avec de grands yeux, ordonner... et ma mère ne répond pas...

— Tu m'aimes bien, n'est-ce pas, Léonio? dit le comte avec une douceur inexprimable.

— Oh! oui, comte Wilfrid, dit l'enfant comme fasciné par le regard sympathique de son interlocuteur.

— Tu m'acceptes pour professeur?... Oui, très-bien..... Tu veux entrer à Saint-Cyr dans deux ans! Oui... encore mieux. Je te promets de t'y faire entrer quand tu auras achevé de bonnes études avec moi.

L'enfant embrassait le comte à chaque phrase.

— Tu vois que je veux faire beaucoup pour toi. Je vais gourmander ton professeur sur son contre-sens de *per amica*; je te fais sortir du collége, je t'apprends le grec, le latin, l'escrime et l'équitation; je te fais entrer à Saint-Cyr, et, avant tout, j'épouse la comtesse ta mère, et je deviens ton bon papa.

L'enfant bondit sur les genoux du comte, et sa mère le couvrit de caresses.

— Vous épousez maman! s'écria Léonio en battant des mains par-dessus sa tête... Et quand l'épousez-vous?

— Demain, mon cher enfant.

— Voilà une nouvelle! s'écria Léonio. Moi qui n'ai jamais vu de mariage en voilà un qui va m'amuser!... Ah çà! dites-moi, est-ce que les veuves peuvent se remarier?

— Après le terme légal, mon ami; quand elles sont jeunes et belles, elles se remarient toutes, dans l'intérêt de la société.

— Enfin, dit l'enfant, puisque vous le faites, cela doit être permis.

— Embrasse-moi, mon enfant, dit le comte en quittant son fauteuil; la veille d'un mariage est un jour d'affaires pour le mari. Adieu; tu ne rentres pas au collége ce soir, et tu es libre toujours... Je vais chez Morel, le bijoutier.

— Ecoutez-moi avant de sortir, dit Léonio; il ne faut pas que cela vous fasse oublier notre vengeance.

— Quelle vengeance?

— Ne m'avez-vous pas promis de me venger du professeur?

— C'est juste, Léonio, je te vengerai.

Le lecteur s'arrêta un instant; un frémissement de craintes agita le public du salon de M. Belliol; les hommes attendaient la formule : *La suite au*, etc., pour se couvrir en signe de détresse. Mais on en fut quitte pour la peur. Félix reprenait haleine, et il ne ferma pas son manuscrit. Une seule voix se fit entendre, celle de mademoiselle Léonie, qui dit :

— Eh bien! je suis très-contente de mon filleul. Seulement je le verrais avec peine entrer à l'école de Saint-Cyr; je l'aimerais mieux avec des goûts d'artiste... Il n'y a pas moyen de corriger cela, monsieur le romancier?

— Mademoiselle, dit Félix, vous demandez précisément ce genre d'impossible qui ne peut se faire! Hélas! je suis esclave de l'histoire. Votre filleul entra à Saint-Cyr... Mais *n'anticipons pas sur les événements,* comme dit Ducray-Duménil, le patron des romanciers.... Je continue mon récit.

Après avoir été le modèle des veuves, à Hyères, la comtesse Santa-Croce, devenue comtesse Wilfrid de T... fut le modèle des épouses, dans la rue Castiglione. Jamais on ne vit mariage plus fortuné; le bonheur, si souvent exilé par les notaires, semblait avoir signé au contrat, comme témoin à perpétuité. La lune de miel avait légué son influence nuptiale à la lune suivante, et cette transmission s'opérait encore à l'échéance de chaque nouveau mois. Il est vrai que tous les éléments de prospérité conjugale s'étaient réunis dans cette maison : le luxe y prenait des airs de paradis terrestre.

Les fleurs peintes et les fleurs naturelles charmaient les yeux et caressaient les mains. Des oiseaux d'émeraude, de saphir, d'écarlate et d'or, chantaient dans les volières à treillis d'argent. De merveilleux tableaux, remplis des scènes de la vie heureuse, couvraient les murs, et de larges miroirs, reproduisant à l'infini les figures sereines des deux époux, leur disaient en mille reflets, courtisans véridiques, qu'ils étaient heureux, comme de jeunes rois absolus, dans un royaume sans journaux.

Un nuage vint assombrir ce bel horizon conjugal. Le bonheur a ses maladies comme le corps humain.

Léonio Santa-Croce, grâce aux soins paternels et aux leçons du comte Wilfrid, était un adolescent accompli. L'éducation avait poli la rudesse native de son caractère, et l'expression sauvage de son regard d'enfant prenait graduellement un caractère de douceur qui faisait la joie de sa mère. Lorsque Léonio eut terminé ses études spéciales, il quitta cette maison toute pleine de ses plus chers souvenirs pour entrer à l'École militaire. La séparation fut cruelle. Cette fête domestique de tous les jours, inventée par le ciel en faveur de trois heureux, fut interrompue tout à coup. Ce triangle d'harmonie perdait un de ses côtés. Le comte Wilfrid conduisit lui-même son fils d'adoption à Saint-Cyr, et Léonio, qui attendait ce dernier moment pour exprimer toute sa reconnaissance envers ce second père, trouva de sublimes paroles de gratitude, qu'il mêla aux larmes de l'adieu.

Le soir même de ce jour le comte et la comtesse Wilfrid partirent pour leur terre de Normandie, où des affaires litigieuses les appelaient. Les procès ont une chose bonne en eux : ils font une amusante diversion aux ennuis de la richesse. Les avocats sont des philanthropes qui connaissent la maladie incurable qui ronge l'humanité opulente, et qui se dévouent au papier timbré pour prolonger l'existence de tant de riches malheureux condamnés à subir les heures lourdes que le sommeil n'adoucit pas. Le comte Wilfrid, dans l'antique patrie de la procédure, rencontra un de ces philanthropes qui, le croyant attaqué du *spleen* au troisième degré, voulut le traiter généreusement et éternisa l'affaire normande. Les jours et les mois s'écoulèrent, emportant avec eux des tourbillons de dossiers et des flots de paroles perdues. Le comte n'était pas dans la catégorie de ceux qui usent d'un pareil remède; mais, comme on ne pouvait faire une exception en sa faveur, il fut obligé de subir des lenteurs interminables, comme le plus malade des clients du Calvados. Ayant mis le pied dans les broussailles de la procédure, il ne le dégagea qu'au bout de deux ans, et par un miracle fort coûteux.

Léonio, livré à lui-même, sortait tous les dimanches, selon l'usage de l'école de Saint-Cyr, et se donnait à Paris les distractions permises à son âge. Un jour, comme il marchait à l'aventure sur le boulevard des Capucines, avec ce besoin de locomotion ardente qu'éprouvent les jeunes gens délivrés de prison, il vit luire dans une calèche un front d'ivoire, étoilé de deux yeux divins. Léonio, certainement, avait rencontré bien des fois de charmants visages et de beaux yeux dans ce Paris où on trouve tout, mais il ne leur avait accordé qu'un regard de curiosité vague, comme doivent faire les jeunes gens graves et studieux, qui comprennent qu'une passion follement engagée peut les distraire de leurs devoirs et briser leur carrière à son début. S'il fut moins réservé cette fois, s'il oublia ses résolutions de sagesse, c'est que la rencontre eut un caractère d'attraction irrésistible. Souvent il y a dans un double regard croisé au vol un mystérieux échange de rayons sympathiques qui, au même instant, enchaînent nos destinées et ne permettent plus au présent de choisir son avenir.

Léonio suivit facilement la calèche qui s'avançait d'un pas de promenade, et qui, après avoir côtoyé la Madeleine, s'arrêta devant la porte d'un hôtel, rue Tronchet. Trois dames descendirent sur le trottoir et causèrent quelque temps, en donnant des ordres, par intervalles, au domestique et au cocher, ce qui permit à Léonio de regarder en passant, et avec lenteur, la fugitive apparition du boulevard. C'était une jeune fille de seize ans au plus, et dont la distinction de beauté ne s'arrêtait pas au-dessous de la tête et rayonnait partout... Notre jeune homme ressentit une seconde fois l'étincelle magnétique d'un regard divin. Ce coup d'œil semblait lui dire : Ne cherche plus jeune homme, Dieu m'a créée pour toi.

Santa-Croce descendit jusqu'à l'angle de la rue Neuve-des-Mathurins, et, quand il présuma que les trois dames étaient rentrées, il remonta la rue Tronchet pour prendre le numéro de l'hôtel, car ses yeux éblouis et concentrés sur un seul objet merveilleux n'avaient rien vu autour. Le chiffre se grava dans sa mémoire, encore vierge de numéros, et mille ans après il s'en serait souvenu. Le soir il fallut prendre le chemin de fer de Versailles et rentrer à Saint-Cyr.

Heureusement approchait l'heureuse époque de sa délivrance : il était à la veille de sortir de l'École avec sa première épaulette d'officier.

Enfin voilà Léonio libre. Il s'habille au suprême goût de la mode d'Aubert : il est gracieux, svelte, distingué ; il a cette aisance et cette souplesse de mouvements de jeune homme qui a ployé son corps à tous les exercices du gymnase ; il a un visage fier et pâle, des yeux d'un ébène italien, une lèvre dédaigneuse et toujours convulsive sous l'arête noire de la moustache, un regard superbe d'ambition et d'avenir... Laissez passer le jeune Corse qui entre dans sa vie d'homme et ne l'arrêtez pas.

Léonio avisa dans la rue Tronchet un cabinet littéraire heureusement placé en face du numéro adoré. C'est là qu'il établit son quartier général d'observation. Son raisonnement était assez juste pour un débutant amoureux. Il y a trois dames dans cette maison, se dit-il à lui-même ; une des trois, à coup sûr, est abonnée à la lecture ; que feraient les dames riches si elles ne lisaient pas, aujourd'hui surtout que tout le monde lit des romans ? Or, en m'établissant ici en garnison sédentaire, je dois avoir des renseignements précis sur les locataires de l'hôtel voisin ; en tout cas, je n'ai pas beaucoup de temps à perdre, car le comte Wilfrid et ma mère m'attendent en Normandie ; il faut donc emporter la place d'assaut.

L'événement justifia la prévision.

Il s'assit devant la table verte, jonchée de journaux interminables, à côté du bureau de la maîtresse, et bénit la nouvelle dimension des gazettes qui permettait à un amoureux de passer douze heures dans un cabinet de lecture sans éveiller le moindre soupçon. Cet avantage du nouveau format n'avait pas été prévu par le prospectus, et, depuis cette époque, le format des journaux s'est encore bien allongé.

Le premier jour les femmes et les valets de chambre se succédèrent devant le bureau pour demander des échanges de livres ; Léonio les suivit de l'œil à la sortie, mais aucun de ces messagers de romans n'ouvrit la porte du numéro voisin. Le second jour un groom, à gilet rouge et bottes à revers, entra et déposa deux volumes sur le comptoir.

— Quel nom ? dit la dame du cabinet de lecture.

— Madame la marquise de Bléchamp.

— Ah ! c'est juste.... de l'hôtel en face.... Vous rendez *le Lys dans la Vallée*, de M. de Balzac, c'est bien ; vous avez encore *le Médecin du Pecq*, de Léon Gozlan, n'est-ce pas ?

— Oui, je le rendrai lundi ; madame la marquise l'a prêté à mademoiselle Octavie, qui le gardera jusqu'à notre départ pour la campagne. Nous partons mardi. Avez-vous, pour madame la marquise et sa sœur, *les Mousquetaires*, d'Alexandre Dumas ?

— En lecture.

— *Le Docteur Herbeau*, par Jules Sandeau ?

— En lecture... En ce moment on lit beaucoup chez les pratiques, et nous n'avons rien dans les bons ; tout est en lecture... ; mais en attendant je vous conseille de prendre *Wromski, ou le château de Thol-Elheim* qu'on vient de me rendre ; on m'en fait beaucoup de compliments.

— Je ne crois pas que ça plaise à ces dames, dit le domestique, mais c'est égal, je le prends toujours. Quant à moi, je sais que je ne le lirai pas.

Il ramassa les deux volumes d'un air dédaigneux et sortit. Léonio, vivement agité, le suivit du regard et le vit entrer dans le seul hôtel qui était pour lui la rue Tronchet.

Quelques instants après, il se leva nonchalamment, comme un lecteur courbé sous le poids des colonnes qu'il avait dévorées, et, jetant une pièce pour payer la séance, il dit :

— Madame, si je savais que mon domestique osât vous parler insolemment comme celui qui vient de sortir, je le chasserais.

— Que voulez-vous, monsieur ? dit la dame en alignant la monnaie de la pièce, les domestiques sont si mal élevés aujourd'hui ! Dans notre état il faut avoir du bon sens.

— Ce valet appartient pourtant à des gens comme il faut ?

— Oh ! très comme il faut. Les dames viennent quelquefois ici et me traitent familièrement, en voisine. Le monsieur est plus fier ; il est toujours en querelle avec ses voisins. L'autre jour il a voulu faire enlever, chez le marchand de tableaux son voisin, une gravure indécente qui était à l'étalage ; le marchand a refusé. Croiriez-vous que le marquis lui a fait un procès ?

— Le marquis de Bléchamp, le père de mademoiselle Octavie ?

— Lui-même, monsieur... C'est un homme d'un caractère fort original. Le mois dernier il a gagné deux procès, l'un contre l'administration du gaz, l'autre contre M. Bénédic, marchand de chevaux, et il avait quatre fois tort dans ces deux affaires. Cela me met en goût. S'il savait que j'ai loué *les Mousquetaires*, de Dumas, à ces dames, il me ferait un procès. Heureusement il est à la campagne.

— Quel triste voisin vous avez là, madame ! Et ce bel hôtel lui appartient ?

— Oui, monsieur ; et il en a encore un rue de la Ville-l'Évêque.

— Pardon, madame, je vous fais perdre votre temps ; j'ai l'honneur de vous saluer. A demain.

Et Léonio sortit pour organiser de nouveaux plans. Il était doué de cette dure obstination que tout insulaire emprunte au rocher natal, et, souriant aux obstacles de l'avenir, il se faisait une joie de les surmonter.

Le mardi suivant, à la pointe du jour, une berline attelée de deux chevaux stationnait à un angle de la rue Castellane. Léonio Santa-Croce s'était placé sous le cintre saillant d'une porte cochère, en habit de voyage, et, de ce poste favorable à ses observations, il épiait tous les mouvements extérieurs de l'hôtel de Bléchamp. A six heures un palefrenier ouvrit l'écurie, et deux domestiques à moitié endormis s'attelèrent nonchalamment à une calèche de voyage, et firent un semblant d'inspection sur les roues et les ressorts. Bientôt deux fenêtres s'ouvrirent sur la façade, comme deux yeux sur une figure qui se réveille. Des mains blanches étincelèrent entre les lames des persiennes; une femme de chambre secoua sur la rue déserte un léger manteau de satin noir, et le *groom* du cabinet de lecture déposa sur le seuil de la porte cochère plusieurs caisses de chapeaux, avec leur enduit ciré.

Plus de doute, on allait partir. Quatre chevaux de la poste royale débouchaient du boulevard, et le postillon cherchait un numéro dans la rue Trouchet.

Léonio monta dans sa berline, et fit la recommandation nécessaire à son cocher, qui avait déjà tout compris avant la recommandation.

La chose était toute simple pour le cocher de Léonio; il s'agissait de suivre la voiture des voyageuses à train égal, jusqu'au premier relai, et de ramener les chevaux à Paris. Léonio continuait sa poursuite avec un attelage de poste jusqu'à la destination qu'il ignorait.

Les deux voitures partirent à cinq cents pas de distance l'une de l'autre, et Léonio ménagea sa course de manière à laisser toujours le même intervalle entre les poursuivants et les poursuivis. Le soir du même jour, à onze heures, la première voiture s'arrêta devant une grille de parc, au bas de la côte qui voit bifurquer, après Bolbec, les chemins du Hâvre et de Dieppe. Léonio remarqua les localités en courant, et posant sur ce point un jalon idéal de reconnaissance, il continua sa route jusqu'au Hâvre.

A cet âge heureux où on ne doute de rien, excepté du possible, Léonio voulut tenter un coup décisif, et, ne comptant sur personne pour se faire présenter au château du marquis de Bléchamp, il décida qu'il se présenterait lui-même, armé de toutes les séductions de sa grâce et de son esprit.

Le lendemain, Léonio descendit de cheval devant la grille du parc de M. de Bléchamp, et se fit annoncer sous son nom de comte de Santa-Croce. L'heure avait été convenablement choisie pour cette visite, ou mieux pour cette expédition. Les dames du château, assises sur la terrasse, un travail de broderie à la main, suppliaient le hasard de leur envoyer quelque incident agréable à cette heure du milieu du jour où la campagne se pare de tous ses ennuis. Pour des lectrices de romans, l'annonce de la visite d'un comte Léonio de Santa-Croce fut déjà une bonne fortune, et l'incident attendu se revêtit d'un charme nouveau, lorsque, à la suite du nom, arriva le jeune homme qui le portait si bien. La marquise de Bléchamp se leva pour recevoir Léonio, et mademoiselle Octavie, après avoir salué le visiteur par un léger mouvement de tête, continua paresseusement son travail.

L'aisance de Léonio, dans ce moment terrible, était admirable de bon goût et de sang-froid.

— Je croyais, madame, dit-il avec le plus doux des sourires, ne déranger que des fermiers, en arrivant ici : on m'avait dit que M. de Bléchamp n'était pas au château.

— On ne vous a pas trompé, monsieur, — dit la marquise, en montrant un siége à Léonio qui l'accepta, — mon mari est à Rouen, et nous l'attendons ici.

— En quelques mots, madame, — dit Léonio avec une assurance de trente ans, — voici le sujet qui me procure l'honneur d'être reçu par vous. Tout le monde est aux affaires aujourd'hui : gentilshommes et bourgeois, nous travaillons tous; c'est le vice ou la vertu du siècle. En sortant des écoles spéciales, les jeunes gens eux-mêmes sont entraînés dans ce mouvement qui les honore et les vieillit. Malgré mes goûts pour l'oisiveté rêveuse, je suis envoyé en Normandie avec un but sérieux; je viens faire des études sur un chemin de fer atmosphérique qui doit relier, par un embranchement, le *railway* de Rouen à Dieppe. Mille pardons, mesdames, d'entrer devant vous dans ces détails, plus ennuyeux encore à la campagne que partout ailleurs. J'aurais doublement remercié le hasard s'il m'eût amené ici sous de plus riants auspices; mais il faut toujours lui savoir gré de ce qu'il fait à demi, pour nous donner un bonheur.

Léonio n'avait pas cessé, en parlant, de regarder en face la maîtresse du château, sans avoir commis la moindre distraction du côté de son adorable fille, et cette tactique, en apparence insignifiante, lui gagna tout d'abord les bonnes grâces de madame de Bléchamp.

— Monsieur le comte, — dit-elle avec des nuances imperceptibles de coquetterie, — ces visites ne nous étonnent pas : seulement elles sont plus ou moins agréables. Depuis dix ans la Normandie est assiégée par les ingénieurs civils : on démolit les remparts du Hâvre et on assiège la campagne. C'est la guerre de la paix. On coupe les arbres et on plante des maisons. Il faut se résigner en riant, comme je fais. Nous n'habitons plus nos châteaux, nous y campons; l'ennemi est sans cesse à nos portes. Guerre aux châteaux comme aux chaumières; c'est le règne de l'égalité; personne au moins ne se plaindra. Monsieur le comte, je livre mon parc à vos études, mais laissez-nous quelques arbres pour le mois de juillet!

— Oh! madame, — dit Léonio en riant, — on vous laissera tout votre parc... Comment donc! un si beau parc! et si bien habité!... J'ai choisi ce point pour mes études, parce qu'il domine la campagne; mais sa position au-dessus des niveaux le rend inviolable du côté des ravageurs autorisés par la loi.

— Vous me rendez toute joyeuse, monsieur le comte; je tiens à mes beaux arbres. Il y a sur leurs écorces des chiffres, des dates, des souvenirs : ce sont des archives de famille. Vraiment, il me serait bien cruel de me voir couper au pied l'histoire végétale de ma maison.

— Ah! c'est que nous sommes impitoyables, nous, madame la marquise, — dit Léonio avec un sérieux comique; — nous sommes des Attila en frac. Quand nous rencontrons une vallée, nous la comblons avec une montagne; et quand une montagne nous gêne l'orteil, nous l'extirpons. La France a soif des nouveaux chemins; c'est l'âge d'or du fer. Pour arriver au résultat nous ne respectons rien, ni la sainteté des édifices, ni l'âge ni le sexe des arbres. Nous sommes ingénieurs civils avant tout... Hier j'étais en train de ravager un quinconce de marronniers du côté d'Yvetot. Un jeune homme et une jeune dame, couple charmant, époux de la veille, vinrent me supplier, à quatre mains jointes, d'épargner un arbre sur lequel était gravé : *Octavie pour toujours*, et ces autres mots de Virgile : *Crescent illæ, crescetis amores!* « Ces arbres croîtront, et nos amours croîtront avec eux! » Vraiment, madame, je fus attendri une minute. Le jeune époux regardait en pleurant l'arbre menacé; il y avait dans ses yeux et sa parole tant de désespoir et d'amour, que je formai un recours en grâce pour ce pauvre arbre auprès du directeur des dévastations générales. La réponse arriva courrier par courrier. Nos trois cœurs battaient à l'unisson. J'ouvris la lettre; il n'y avait que ce mot : *Coupez*.

— Quelle horreur! murmura mademoiselle Octavie, qui ouvrait la bouche pour la première fois. Et vous avez exécuté l'ordre, monsieur ?

— Hélas! mademoiselle, il le fallait bien, sous peine d'être jugé par un conseil de paix et condamné au repos forcé à perpétuité. On est très-sévère chez nous.

— Cela m'afflige d'autant plus, dit Octavie, que la jeune épouse porte mon nom.

— Vraiment, dit Léonio. Ah! mademoiselle, si j'avais connu cette circonstance atténuante, j'aurais couru la chance du jugement.

— Monsieur le comte, dit la marquise, je me réjouis d'échapper à toutes ces tribulations, surtout à cause de mon mari. Nous avons déjà sur les bras assez de procès. M. de Bléchamp vous intenterait un procès pour chaque arbre. Ce serait une forêt de procès. Nous n'en sortirions plus. En ce moment, il est à la veille de perdre une cause qui lui emportera cent mille écus.

— Cent mille écus! dit Léonio en affectant de prendre le plus vif intérêt à l'inquiétude de la marquise.

— Et cela ne nous arrangerait pas trop en ce moment, poursuivit la marquise, car nous songeons à établir notre fille.

La cravache d'ébène qui tournoyait entre les doigts de Léonio tomba sur le gazon, et la main oublia un instant de la ramasser.

— Cent mille écus! dit Léonio, comme un tardif écho de lui-même.

Et il se raffermit sur son torse et sur ses pieds.

— Oh! dit la marquise, ce n'est pas la perte de la somme qui irrite M. de Bléchamp, c'est la honte de perdre un procès; il n'en a jamais perdu un seul. Son amour-propre, en ce genre, est excessif : il se regarde, en perdant, comme déshonoré. Comprenez-vous cela, monsieur le comte ?

— Je comprends cela, monsieur le..... madame la marquise, répondit Léonio au hasard.

— Son adversaire est un homme tenace et fort adroit; c'est notre voisin d'une lieue, et nous vous serions fort reconnaissants, tous, si vous pouviez menacer son parc d'une dévastation..... Une petite vengeance innocente.

— Comment! s'écria Léonio. Ordonnez, madame, ordonnez!... Je ne m'arrêterai pas à la menace : je ravagerai tout, j'incendierai ses arbres et je planterai du sel dans ses jardins!... Son nom! son nom, madame; le nom de ce plaideur ennemi !

— Monsieur le comte, dit la marquise, vous avez une exaltation superbe et que j'admire. Il paraît qu'à votre âge on improvise l'amitié et le dévouement.

— Excusez-moi, madame, je suis ainsi fait, moi, dit Léonio avec un trouble délateur. J'aime tout de suite ou je n'aime jamais. Une première rencontre me subjugue... Je sens que je vous suis déjà tout dévoué comme à une ancienne connaissance... Le nom, le nom, madame, le nom de votre ennemi !

— C'est le comte Wilfrid de T...

Cette fois, le chapeau suivit la cravache dans sa chute, et une pâleur verdâtre couvrit le visage de Léonio. Cependant il fit un effort héroïque, et dit d'une voix sourde :

— C'est bien, madame, je vous remercie, et je crois que nous nous reverrons bientôt.

Il salua les dames et remonta précipitamment à cheval.

— Ce jeune homme est fort distingué, dit la marquise; seulement je n'ai pas compris sa conduite quelques minutes avant son départ.

Octavie baissa les yeux et reprit son travail.

Entre autres lettres très-obligeantes que d'honorables correspondants me font l'honneur de m'adresser, j'en reçois une fort spirituelle qui me reproche d'avoir fait commencer la semaine par le lundi, dans le troisième chapitre de ce roman. Les raisons objectées contre mon assertion sont ingénieuses, mais ne me paraissent pas justes. Nous savons que le jour du sabbat est le *jour du repos* dans l'ancienne loi ; mais lorsque la loi nouvelle eut remplacé la loi antique, lorsque l'Église eut porté ce décret :

Antiquum documentum
Novo cedat ritui,

le samedi perdit son ordre chronologique hébreu, et devint, pour l'Église, le dimanche ; tous les autres jours de la semaine furent intervertis : le *jour hébreu du repos* devint le *jour chrétien du Seigneur*, le jour où le Seigneur se reposa. Au reste, je ne donne pas cette réponse comme une raison décisive, mais comme une opinion.

Léonio Santa-Croce courut de toute la vitesse de son cheval au château du comte Wilfrid, et les premiers moments furent donnés à la tendresse ; les amertumes d'une longue séparation furent oubliées. La comtesse versa des larmes de joie en revoyant son fils grandi, et toujours charmant. Le bonheur domestique, à demi exilé, rentrait au château avec toutes les douceurs de la belle saison.

Le tempérament de Léonio ne s'accommodait pas du plus court des retards ; une phrase d'ailleurs vivait encore dans son souvenir comme un tocsin d'alarme amoureuse : *on songe à établir Octavie!* Quel mot désolant !... Établir ! c'est-à-dire la livrer à un autre, la vendre comme une esclave, la dépayser probablement sur une terre où nul homme ne pourrait désormais la voir, excepté son maître légal, stupide et jaloux ! Oh ! sous l'obsession d'une pensée pareille une minute perdue était un siècle de bonheur anéanti. Dans le dernier entretien, sur la terrasse du château, l'amour de Léonio s'était élevé à la hauteur d'une passion dévorante. Que de regards furtifs, même dérobés à l'œil d'une mère, il avait lancés sur Octavie ! et chacun de ses regards lui révélait une grâce nouvelle, un adorable détail de perfections ! La jeune demoiselle, assise sous les arbres de son parc, les pieds sur les fleurs, la tête dans une auréole de feuilles vives, aurait pu ressembler à l'*Antiope* que Corrége endormit avec son pinceau.

Agité par une impatience fiévreuse, Léonio attira le comte Wilfrid dans une allée du parc, et là, sans préambule oiseux, il lui avoua tout, ne pouvant, lui dit-il, choisir un meilleur confident. Le comte ne répondit que par des sourires de bienveillance paternelle, ce qui encouragea Léonio à poursuivre en ces termes :

— Mon cher père, car il m'est permis de vous donner ce nom, croyez que j'ai au cœur un amour sérieux. Ne m'objectez pas mon âge ; je suis d'un pays où les hommes se marient à dix-huit ans et j'en ai bientôt vingt. Vous pouvez d'un seul mot faire le bonheur de votre fils ou le tuer. Si je perds Octavie, je meurs, parole de Corse, et, si je retarde ma demande, un autre l'épouse avant moi. Mon père, vous ne me laisserez pas mourir ?

Le comte Wilfrid prit affectueusement la main de Léonio et dégagea bientôt sa main droite pour essuyer une larme. Le jeune homme exploita cette émotion à son profit, et fit, avec une pantomime expressive, une dernière prière qui fut couronnée d'un plein succès.

— Eh bien ! voyons, mon enfant, dit le comte, que faut-il faire ? Parle, parle, et je le ferai.

— Votre procès avec M. de Bléchamp est en voie de réussite, n'est-ce pas ?

— Il sera gagné à Rouen après-demain ; l'avocat même de M. de Bléchamp regarde son affaire comme perdue et me propose un arrangement. Il m'offre l'abandon du tiers de la somme en litige, cent mille francs. J'ai répondu que je serais absurde de perdre une partie d'un tout qui est gagné.

— Et si je vous priais de répondre autre chose, mon père ?...

— Voyons, Léonio, dit le comte en souriant, voyons l'autre chose.

— Que vous regarderez votre procès comme perdu et que vous vous laisserez condamner par défaut, sans opposition ultérieure, à condition que votre fils épousera mademoiselle de Bléchamp.

— Réfléchis bien, mon enfant, dit le comte en prenant le menton de Léonio ; si l'affaire s'arrangeait ainsi, la bague de noce me coûterait cent mille écus, toute ma fortune, qui, à la vérité, est indépendante de celle de ta mère.

— Oui, mon père ; mais un refus vous coûtera plus cher : ma vie le payera.

— Eh bien ! mon enfant, dit le comte avec émotion, ta vie est sans prix à mes yeux ; je ferai tout selon tes vœux.

Léonio s'élança au cou du comte Wilfrid et couvrit son visage de larmes et de caresses.

— Demain, poursuivit le comte, demain j'irai faire ma demande et porter mes conditions de paix au château de Bléchamp.

— Comment ! demain ? s'écria Léonio ; aujourd'hui ! aujourd'hui !...

— Ah ! Léonio, tu mets du luxe dans ta pétition !.. Enfin, il faut en mettre aussi dans la complaisance.

— Mon bon père ! ma vie est à vous ! j'en fais le serment à vos pieds. Vous êtes un ange descendu des cieux pour me sauver. Vous êtes ma seconde mère !

— Mais il me semble, Léonio, que tu m'as parlé de l'absence de M. de Bléchamp ?... S'il est à Rouen...

— S'il est à Rouen, interrompit vivement Léonio, on lui dépêchera une estafette ; on crèvera six chevaux. Quand on gagne cent mille écus on peut payer six chevaux crevés pour les gagner.

— Bon! tu n'as pas oublié les mathématiques, Léonio... Allons, mon ami, calme-toi, tu as la fièvre. Je vais causer de tout cela un instant avec ta mère et je pars.

Léonio regarda le paradis et crut le toucher avec la main.

Il est inutile de mentionner ici toutes les visites, les paroles et les notes diplomatiques qui furent échangées entre les deux familles pour conduire à bien cette grande affaire. Il suffira d'indiquer le résultat. Léonio ayant trouvé, dès le premier moment, une complice fort intelligente et fort dissimulée dans mademoiselle Octavie de Bléchamp, il ne pouvait plus y avoir d'obstacle sérieux. Ce que deux jeunes cœurs veulent, Dieu le veut. M. de Bléchamp, échappé par miracle au déshonneur d'un procès perdu, consentit à tout; seulement il demanda un délai, à cause de l'âge de Léonio. Engagées par leur parole mutuelle, les deux familles fixèrent le terme de ce délai à la majorité du jeune homme. — Comme c'est malheureux! avait dit Léonio, car je me regarde comme ayant vingt-trois ans. A la veille d'épouser ma mère, le comte Santa-Croce, mon père, fut obligé de faire un voyage de quatre ans, ce qui retarda ma naissance. Voyez le tort que cela me porte aujourd'hui!

Un incident heureux, émané du ministre de la guerre, donna subitement à Léonio le courage de subir son destin. Il lui était ordonné de rejoindre, à Port-Vendres, le 23ᵉ régiment de ligne, qui se préparait à partir pour l'Afrique. Bien plus, l'espoir de mettre dans sa corbeille de noces une seconde épaulette et une décoration, donna tout à coup à son départ un caractère inattendu de gaîté.

Pendant la longue absence de Léonio, les familles des deux fiancés vécurent dans la meilleure intelligence. Le jeune officier envoyait avec exactitude ses bulletins de campagne et les ordres du jour où son nom était cité. L'éducation forte qu'il avait reçue lui fut d'un merveilleux secours dans cette guerre où l'agilité, l'adresse, la vigueur sont les auxiliaires indispensables de cette qualité vulgaire qu'on appelle courage. Aussi le brave Lamoricière, qui avait été vingt fois témoin des traits d'audace heureuse du lieutenant Santa-Croce, lui dit un jour : Jeune homme vous serez général à trente ans.

Il faut que l'auteur de cette histoire se souvienne que Léonio et Octavie sont fiancés, que leur mariage est fixé à la majorité de l'époux, et les campagnes d'Afrique sont des hors-d'œuvre, de longs détails intermédiaires qui font languir la narration. Aussi nous prendrons Léonio à l'heure où il débarque à Port-Vendres, muni d'un congé matrimonial, orné des épaulettes de capitaine et de la croix d'honneur.

Tout avait été combiné pour arriver au jour promis. Une chaise de poste, rivale d'un chemin de fer, enleva Léonio sur le môle de Port-Vendres, et le transporta au château du comte Wilfrid, où rayonnaient déjà les apprêts d'une fête comme ce coin de Normandie n'en vit jamais.

Le château avait pris un air triomphal. Les deux familles, en revoyant Léonio, étaient arrivées à ce degré redoutable de bonheur qui déplaît au ciel. Quand la jeune épouse parut avec sa robe blanche et son bouquet virginal, dans le grand salon du château, où se pressait un monde d'invités, il y eut un frémissement d'admiration qui fut un épithalame et une hymne à sa beauté. Léonio avait oublié la terre, sa famille, son état, sa jeune gloire; il s'oubliait lui-même; il vivait dans Octavie; il lui donnait son âme; il flottait comme un ange dans l'atmosphère des élus. Le délire du bal était au comble; tous les visages étincelaient de joie comme s'ils eussent reflété celle des époux; la musique donnait la fièvre aux pieds et l'ivresse aux fronts; des paroles de tendresse éclataient sur toutes les lèvres; on eût dit que tout ce monde de jeunes gens et de jeunes femmes se mariait par imitation.

On a beau s'oublier, même avec des pensées d'amour, dans l'étourdissement d'une fête, il y a toujours, à défaut d'une main qui écrit trois mots sur le mur, quelque souvenir fatal qui traverse le front et fait descendre l'homme heureux des hauteurs du ciel sur la fange de la terre. La devise de la famille des Santa-Croce luisait sur un transparent, à la porte du château. Un vieux domestique corse l'y avait placée, et avec intention peut-être. Léonio, en traversant le vestibule, tourna machinalement sa tête vers la porte, comme pour demander à l'air extérieur le baume de la brise du soir, et la devise de la famille éblouit ses yeux : *Morto vivo*.

Tout le passé afflua dans le souvenir de Léonio, car, dans ses moments de délire où chaque fibre est en jeu, le cerveau semble s'agrandir et refléter à la fois comme dans un immense miroir toute une existence passée. — Mon père, mon père! le noble comte de Santa-Croce, manque à cette fête, dit Léonio en se frappant le front; il faut au moins qu'il y assiste par une pensée qui vient de lui... C'est aujourd'hui que cette lettre paternelle, funèbre et mystérieux testament, doit être lue. C'est aujourd'hui que je dois, à l'exemple des anciens, promener un cercueil à travers la joie d'une fête. Ombre de mon noble père, vous ne serez pas exilée ce soir de votre noble maison.

Léonio jeta un regard rapide dans le salon des quadrilles. Octavie dansait avec un bonheur qui éclatait en rayons sur sa figure : — les femmes dansent toujours. — Il monta l'escalier de son appartement et ouvrit avec précaution la chambre préparée pour l'épouse. La vue de cette lettre qui ne l'avait jamais quitté lui donna des frissons, et il eut besoin de toute sa force pour rompre le fragile cachet. Voici ce que le défunt comte Santa-Croce écrivait à son fils.

« Mon cher fils,

« A l'époque sanglante de la Terreur, Babœuf fut dénoncé par un traître et périt sur l'échafaud. Son fils était fort jeune alors; il avait ton âge, mon enfant.

« Mais l'enfant devint un homme, et il se mit à chercher le dénonciateur de son père. On lui dit qu'il était à Madrid. Le renseignement était bon, cette fois. Le jeune Babœuf rencontra au théâtre, à Madrid, ce misérable; il le frappa sur la joue devant deux mille témoins, et il le tua, en brave, devant quatre témoins. Que dis-tu de ce trait, mon petit Corse, Santa-Croce?

« Écoute bien, mon fils :

« Tu venais d'entrer au collége; un jeune homme, qui était mon ami, arriva d'Espagne, où il s'essayait à la diplomatie, chez notre ambassadeur, et je lui offris chez moi un appartement qu'il accepta.

« J'étais bien malade, bien faible, bien souffrant; il me fallait cet ami dans ma misère domestique, et je m'applaudissais de ses soins et de ses consolations. Ma blessure à la tête, que rien ne pouvait cicatriser, me donnait des accès de délire, et quand je reprenais mes sens, je trouvais un charme inexprimable à rouvrir mes yeux entre ma femme et mon ami.

« Mon enfant! mon enfant!... cet ami m'a déshonoré!

. . . .

« J'ai profité d'un instant de force pour écrire ces lignes, et la plume m'échappe.

« Hélas! le doute ne m'était pas permis. Les yeux ne trompent pas... Je tenais l'infâme, mon poignard était levé sur son cœur, j'allais tuer..... une attaque d'apoplexie me foudroya et sauva le misérable! — Y a-t-il une Providence, mon enfant?.... Oui, puisque tu existes.

« Après cette attaque, une paralysie générale me cloua sur un lit de douleurs. L'infâme a vécu, et je confiai ma vengeance au tonnerre, qui l'a laissé vivant.

« J'ai pardonné à ta mère.... Il faut toujours pardonner aux femmes; aux hommes coupables, jamais. Le pardon est une prime d'encouragement donnée à la perfidie; elle serait trop à l'aise si on l'excusait à chacun de ses crimes. Après la vengeance, le pardon; jamais avant.

« Quand tu liras cette lettre, mon enfant, le déshonneur de ton père va se rajeunir et tomber sur ton front. Tu seras déshonoré à ton tour. Tu ne pourras plus montrer ton visage aux hommes purs; tu sentiras une flétrissure à ta joue, et chaque minute perdue avant la vengeance est un siècle de plus de déshonneur qui pèse sur toi.

« Si tu étais dans nos montagnes de la vieille Corse, mon enfant, je te dirais : Prends ton poignard! Tu es en France, et je dis : Prends ton épée!

« Prends ton épée, fils des Santa-Croce, famille dont l'honneur fut une longue virginité jusqu'à ce jour, et soufflète l'infâme avec cette lettre; après, Dieu est juste, tu le tueras.

« Au moment où tu lis, mes bras de squelette se dressent vers toi du fond de ma tombe, et se tordent pour t'exciter.

« Tu trouveras facilement l'infâme; son nom est célèbre : il est attaché à l'ambassade de Londres..... Que Dieu me donne la force d'écrire son nom.... c'est.... le comte Wilfrid de T***.

« Quand tu fermeras cette lettre, il faut que tu ouvres la tombe de l'infâme comte Wilfrid.

« *Morto vivo!*

« Ton père,

« Comte SANTA-CROCE. »

Il n'y a que la figure de Saül évoquant le fantôme de Samuel, sous le pinceau de Salvator Rosa, qui puisse donner une idée du jeune Santa-Croce, après la lecture de cette lettre foudroyante. Cependant, comme un sang vulgaire ne coulait pas dans ses veines, il supporta le coup avec courage, et mit le testament de son père sur son cœur comme un bouclier.

Mille pensées jaillissaient à la fois dans son cerveau, mais aucune ne pouvait changer sa position; l'inexorable lettre le poignardait. Ses yeux fixes ne se détachaient plus d'un trophée d'armes suspendu à l'alcôve de son lit nuptial, et sa figure avait un sourire de damné ou de fou.

Un bruit de pas se fit entendre dans l'escalier, et le comte Wilfrid parut tout-à-coup dans la chambre.

— Enfin le voilà trouvé! — dit le comte en embrassant la statue de Léonio pétrifié; — on te cherche partout, mon enfant; le quadrille est fini; tu es engagé avec ta belle-mère qui cherche son beau danseur. Ta femme est inquiète; on lui affirme que tu lui fais une infidélité...... Mais que regardes-tu avec cette figure? — ajouta le comte, en quittant le ton de la plaisanterie pour le ton de l'effroi. — Quel air étrange! quelle pâleur! quels yeux!... Mon fils, mon cher fils!.... je vais appeler du monde.... tu te trouves mal!... Mon Dieu! mon Dieu! que nous arrive-t-il?

— Rien, rien, — dit Léonio d'une voix sourde et sans regarder le comte; — point de bruit, point de scandale. Monsieur, laissez-moi!.... laissez-moi!.... laissez-moi!

— Que je te laisse dans un pareil moment! Y penses-tu?

— Je vous dis de sortir, monsieur le comte, murmura Léonio d'une voix sourde et stridente, et les yeux fixés au plafond.

Il détacha de sa boutonnière sa croix d'honneur et la laissa tomber.

— C'est l'excès du bonheur qui te trouble la tête, dit le comte; réponds-moi, mon enfant, réponds-moi!

Santa-Croce tressaillit convulsivement de la tête aux pieds, et repoussa les bras caressants du comte Wilfrid.

— Au nom de Dieu! regarde-moi, mon fils, face à face; mon cœur se déchire; prends pitié de ton père!

Un hurlement de bête fauve résonna dans la poitrine de Léonio.

— Enfant! dit le comte avec un accent inouï; tu restes donc sourd à la voix de ton père, de ton père qui te tend les bras?

— Malédiction sur nous! dit Santa-Croce.

Et, sans regarder le comte, il parut saisi d'une inspiration soudaine, et ajouta d'un ton effrayant de calme :

— Je ferai plus que mon devoir!

Disant ce dernier mot, il prit la lettre de son père, et, la donnant au comte Wilfrid, il prononça d'une voix ferme ces mots :

— Lisez cela, monsieur!

Le comte Wilfrid prit la lettre; et, reconnaissant la main du défunt comte Santa-Croce, il se laissa tomber sur un fauteuil.

Il avait déjà tout deviné.

Le jeune époux avait disparu, et ceux qui montèrent aux appartements supérieurs et qui trouvèrent le comte Wilfrid seul et sombre de désespoir, poussèrent des cris lugubres. Les femmes répondirent à ces cris. Les lustres s'éteignirent sous des lèvres invisibles. Aux dernières lueurs du bal, on voyait errer çà et là des figures pâles avec des chevelures en désordre. Cette fête splendide s'écroulait.

Deux cavaliers couraient au galop sur la route de Paris : Léonio Santa-Croce et Monti, son vieux domestique corse. Ils changèrent de chevaux à tous les relais. A Rouen ils prirent une chaise de poste, et marchèrent nuit et jour avec des figures sombres et des lèvres muettes jusqu'à Hyères. Le domestique savait tout et ne comprenait pas Léonio; vingt fois il avait ouvert la bouche pour lui dire :

— Fils des Santa-Croce, je ne suis pas content de vous!

A Hyères Léonio descendit à l'hôtel des Ambassadeurs, et se fit servir à dîner dans sa chambre; il ne permit pas à son domestique d'entrer.

Vers le milieu de la nuit, après avoir réglé toutes ses affaires, il fit signe à Monti de le suivre. La petite ville était déserte; tout dormait.

Léonio et Monti escaladèrent les murs du cimetière, et on chercha la tombe du comte Santa-Croce; elle était couverte de hautes herbes et de fleurs sans nombre, comme si la nature avait pris soin de l'honorer en l'absence de ceux qui l'oublièrent; cette réflexion mentale contracta d'un sourire affreux la figure de Léonio.

— Aide-moi, dit le jeune homme au Corse Monti; un dernier service, mon vieux serviteur, car je sens, dans mes entrailles, que je suis prêt pour l'expiation.

Ils ôtèrent la pierre du tombeau, et se découvrirent respectueusement devant le squelette de Santa-Croce. Puis le jeune homme prononça ces paroles :

— O mon noble père! il m'a été impossible de porter des mains violentes sur le comte Wilfrid; je t'ai désobéi!...... Aussi je meurs à vingt ans, sans avoir souillé de mon déshonneur une épouse adorée : je meurs pour te revoir, ô mon père, et me justifier devant toi.

Ayant dit cela, il serra les mains du vieux Corse, et il ajouta :

— Fais ton devoir, mon brave Monti.... Adieu!

Monti ne versa pas une larme; il attendait toujours, et se retournait souvent pour voir si le comte Wilfrid n'arrivait pas à ce sanglant rendez-vous du tombeau.

Léonio descendit dans le tombeau, et se coucha auprès du squelette de son père.

Ses dernières paroles furent celles-ci :

— Monti, mes entrailles brûlent; avant le lever du soleil, je ne vivrai plus. Console ma pauvre mère.... Et maintenant replace la pierre du tombeau. Tout est dit.

— C'est bien, mon jeune maître, dit Monti; je vous comprends, et je suis content de vous... Adieu.

Et avec un sang-froid héroïque, le vieux Corse exécuta le dernier ordre de Santa-Croce. Pas une larme ne mouilla ses yeux.

Le lendemain Monti voyageait seul sur la route de Paris.

———

Un attendrissement général accueillit la fin de cette lecture dans le salon de M. Belliol. Le maître de la maison, plus ému que les autres, s'avança vers le jeune romancier et lui serra la main à plusieurs reprises. Mademoiselle Léonie, sa fille, interrompit la première, le silence religieux qui régnait encore, et, se levant au milieu de ses amies :

— Voilà une histoire bien triste, dit-elle, et je regrette bien d'y voir mourir mon pauvre filleul. Je ne m'attendais pas à ce dénoûment... Mais le domestique Monti est un monstre...

— Non, mademoiselle, dit Félix; c'est un vieux

montagnard corse, un honnête homme qui obéit à un sentiment d'honneur exagéré, mais dont le principe est bon.

— Au reste, monsieur, dit Léonie, vous faites bien de défendre vos personnages. Quant à moi, si j'avais un domestique comme ça, je ne le garderais pas une minute dans ma maison. Je craindrais que, avec son sentiment d'honneur exagéré, il ne me jouât quelque vilain tour.

— Vous avez raison, mademoiselle, dit Félix en roulant son manuscrit, mais lui n'a pas tort.

Pendant ce dialogue, plusieurs groupes des deux sexes s'étaient formés dans le salon, et on analysait vivement la nouvelle de Santa-Croce. M. Belliol répondait avec feu aux critiques, comme s'il en eût été l'auteur. M. Bonchatain dormait.

M. Belliol imposa silence à son monde par un battement de mains, et dit avec un organe de proclamation :

— La société remercie, par ma bouche, l'ingénieux auteur de *Santa-Croce;* nous avons tous écouté sa lecture avec le plus vif intérêt. Mais, après une histoire qui a fait couler des larmes, on entendrait maintenant avec un extrême bonheur une histoire comique. Ces dames demandent *La Pêche au Lion.*

Félix s'appuya du bout des mains sur le bord de sa table de lecture, inclina son torse, et dit :

— J'ai eu le malheur de laisser le manuscrit de *la Pêche au Lion* chez moi. Je demeure rue Contrescarpe, derrière le Panthéon ; si ces dames veulent me donner une heure de congé, je pars et je reviens avec mon manuscrit.

— Non, non, s'écria M. Belliol, il est déjà fort tard ; ce sera pour une autre soirée ; d'ailleurs la lecture de *Santa-Croce* doit avoir fatigué le docteur, et il a sans doute besoin de repos.

— Monsieur le docteur, dit Léonie en riant, nous sommes insatiables. Moi, j'écouterais des histoires jusqu'à sept heures du matin.

Un chœur général de *moi aussi* retentit dans le salon.

Félix et Arthur prirent congé de la famille Belliol, et ils furent conduits triomphalement jusque sur le pavé de la rue Saint-Denis.

Les deux amis, délivrés de toute contrainte, s'abandonnèrent aux excès d'une joie enfantine. Mille projets superbes éclatèrent aux lueurs du gaz, et les derniers mots échangés sur le pont des Arts furent ceux-ci :

— A demain, au Louvre !

Un passant fort suspect les avait suivis, et, à la clarté des candélabres du gaz, il vit les quatre mains des deux jeunes gens s'agiter vers le Louvre et le menacer, comme s'ils avaient mis en duo le trio conspirateur de *Guillaume Tell.*

— C'est bon ! dit le passant.

V

LES ARTISTES

A huit heures et demie, le lundi matin, le facteur qui distribue tant de fautes d'orthographe, sous seing privé, sur le quai Voltaire, donna une lettre au portier de la maison d'Arthur.

La lettre d'un père de province est une épée de Damoclès toujours suspendue sur la tête d'un fils à Paris. Au moment où nos deux amis préparaient une machine infernale pour la faire éclater au Louvre, la lettre champenoise tomba sur eux.

Avant de l'ouvrir Arthur regarda le papier à travers jour, et la pesa sur sa main pour voir si c'était une lettre ornée d'une sœur de change, et il se fit à lui-même un signe de tête qui signifiait : Hélas ! rien !

« Mon cher fils, écrivait le père, nous t'attendons
« mardi prochain, ta mère et moi. Tu n'as plus rien
« à faire à Paris ; ainsi rien ne doit t'arrêter. Toute
« la famille est dans la joie. Nous comptons les mi-
« nutes depuis ce matin.

« Tu connais monsieur Léonard Estève, avoué ;
« c'est un homme d'une capacité reconnue ; c'est la
« lumière de notre barreau. Il travaille beaucoup ; il a
« quatre clercs, et, quand je passe devant sa maison
« à dix heures du soir, je vois encore de la lumière
« aux vitres de son cabinet. Il gagne de quinze à
« vingt mille francs par an. Tu vois que c'est joli.
« Je lui ai parlé de toi. Il connaît ton activité, ton
« instruction et ton goût pour le travail. Tu feras ton
« stage chez lui. On entre à sept heures du matin
« au cabinet de monsieur Estève, et on en sort à
« huit heures du soir. A midi on a vingt minutes
« pour faire un petit déjeuner sur le pouce et pour
« lire *la Gazette des Tribunaux.* Toi qui n'aimes
« pas à perdre ton temps, tu ne pouvais trouver une
« meilleure maison.

« Adieu, nous t'embrassons tous, en attendant
« mardi. Ton bon père.

« CALIXTE GREMINY.

« P. S. A mon dernier voyage à Paris, en passant
« sur le boulevard, j'ai vu au coin de la rue Riche-
« lieu une pendule dorée, avec un papillon d'argent
« qui sert de balancier. On m'en a demandé quatre-
« vingt-cinq francs, garantie pour un an. Si elle
« n'est pas vendue, achète-la. Le marchand, sous
« prétexte de prix fixe, n'a pas voulu me rabattre
« cent sous. Encore un bon adieu, mon cher fils. »

— Eh bien ! dit Arthur, que penses-tu de cette lettre ?

— Je ne pense rien, dit Félix, je n'ai pas le temps de penser; il faut agir. Si les enfants écoutaient les pères, il n'y aurait pas un seul nom à citer dans le monde. Depuis Naso, qui défendait à Ovide, son fils, de faire des vers, jusqu'à M. Auber père, qui avait cloué sur un comptoir de négociant le brillant et futur auteur de la Muette de Portici, tous les pères ont donné de mauvais conseils à leurs fils. C'est reconnu. Je ne connais qu'un fils illustre qui ait suivi les conseils paternels : c'est Annibal, fils d'Amilcar Barca, et il est mort empoisonné chez Prusias, roi de Bithynie... Arthur, mon ami, insère cette lettre au dossier de famille; fais une réponse affectueuse à l'auteur de tes jours; expédie-lui par le roulage sa pendule au papillon d'argent, puisqu'il y tient, et songeons à nos belles maîtresses, comme ont fait nos nos pères avant d'épouser les leurs.

— Très-bien, Félix ! voilà qui est admirablement raisonné ; c'est un véritable conseil paternel de fils... Une seule chose m'inquiète: c'est l'envoi de la pendule... Quatre-vingt-cinq francs !... Il me reste cinq centimes pour payer le pont des Arts. J'aimerais mieux lui envoyer un Jupiter ou une Junon de mille écus ; monsieur Bonchatain me ferait crédit... Vraiment les pères sont adorables ! J'attends aujourd'hui une lettre de change, je reçois une lettre de désespoir... Mon cher père croit probablement que j'ai économisé, depuis trois ans, cinquante francs par mois sur les cinquante écus qu'il me donne... Que regardes-tu çà et là comme un commissaire priseur, Félix?

— Arthur, écoute et sois sage... Nous avons besoin d'argent... il faut battre monnaie... Que comptes-tu faire de tous ces meubles qui encombrent ton appartement et ne le meublent pas ?

— Belle demande! je compte les expédier chez moi par le roulage ordinaire.

— Insensé! tu ne sais donc pas, Arthur, que tu vas te mettre en frais énormes de déménagement. Tu payeras quinze francs les cent kilogrammes, et le roulis de la voiture causera des dégâts énormes dans tout cet acajou emballé... Attends! il y a une économie bien simple à faire, et tu es trop bon calculateur pour la négliger. Vendons tous ces meubles à monsieur Jaria.

— Qu'est-ce que monsieur Jaria?

— C'est un homme qui achète des meubles et les paye comptant, moitié valeur. Il te donnera cinquante louis de toute cette ébénisterie d'occasion. Avec cette somme nous prenons le Louvre, et tu économises le roulage et les avaries des ballots. Voilà une idée, Arthur ! Vote-moi des remercîments à l'unanimité !

— Te charges-tu de l'opération, Félix?

— De grand cœur. Avant la nuit nous aurons l'argent, et demain tu expédieras la pendule au père avec une lettre adroite qui justifiera ton retard.

— Adopté !... Maintenant, à propos de pendule, l'heure sonne; allons au Louvre avec nos machines de guerre...

— Tout est-il prêt, Arthur ?

— Tout, chevalets, toiles, palettes, pinceaux. Depuis ma dernière croûte, qui fut sifflée à l'exposition de 1842, sous le n° 2264, et qui essayait de représenter saint Louis à Massourah, je n'ai plus touché au pinceau. Tout mon attirail de rapin est dans une caisse, là, dans ce cabinet. Appelle le commissionnaire du coin, et allons !

— Y a-t-il de la place pour deux à ton chevalet ?

— Sois tranquille, Félix, ma caisse renferme un assortiment complet.

Le commissionnaire mit la lourde caisse sur son dos, et les deux jeunes gens le firent marcher devant eux, en veillant, à la distance d'un pas, sur ce dépôt sacré.

Ils entraient sur le pont des Arts lorsqu'un passant, vêtu d'une redingote bleue hautement boutonnée, courut devant eux, jeta un rapide regard sur la caisse et disparut bientôt du côté du Louvre. Arthur et Félix, accolés par les bras, sortirent du pont, et la sentinelle leur barra le passage au guichet.

— Ah! voilà qu'ils recommencent encore! dit Arthur.

— On ne traverse pas le Louvre avec des paquets, dit la sentinelle.

— Mais, monsieur, dit Arthur à la sentinelle, si nous allons déposer cette caisse dans le Louvre, il faut bien y entrer.

— J'ai ma consigne, monsieur.

— Et que contient cette caisse? dit le passant à la redingote bleue avec un sourire malin.

— Cela ne vous regarde pas, monsieur... Ah! c'est encore vous, dit Arthur en reconnaissant l'officier acharné de l'avant-veille ; il paraît que vous faites aujourd'hui votre service en amateur ?

— Mon devoir est de veiller toujours sur les mauvais projets, dit l'officier devenu bourgeois, et tout bon citoyen a le droit de faire la police quand la police ne fait pas son devoir.

— Voilà ma carte, Félix, dit Arthur ; monte au Louvre, demande le directeur et annonce-lui que je l'attends ici, pris entre deux guichets et étouffé sous cet inévitable cauchemar d'officier.

Félix partit avec des ailes aux pieds.

— J'ai peur que ces bourgeois m'aient compromis dans quelque révolution de Polignac, dit le commissionnaire en déposant la caisse sur la borne du guichet du Louvre.

Arthur se promenait à grands pas sous le guichet du Louvre, et l'ex-officier à la redingote bleue, appuyé sur un pilastre, le suivait des yeux avec un ricanement perpétuel.

Le directeur arriva, tenant à la main la carte d'Arthur. Il serra la main de son jeune avocat.

— Eh bien ! dit-il, que se passe-t-il donc ici ? Vous jouez vraiment de malheur, mon cher jurisconsulte...

Et apercevant l'ex-officier :

— Ah ! poursuivit-il, je devine maintenant. On n'a jamais vu une pareille obstination. Vous avez pourtant descendu votre garde, mon cher monsieur... Quel luxe de service ! A propos, mon lieutenant, je suis bien aise de vous rencontrer. Ne vous avisez plus, je vous prie, une autre fois, de poser vos sentinelles dans la baignoire de l'empereur Commode pour surveiller le gladiateur et les cariatides de Jean Goujon. Vous aviez placé ce pauvre monsieur Colardeau en sentinelle perdue, et à tel point perdue que sa femme n'a pu le retrouver que le lendemain. Vous avez mis le Louvre en émoi. Si vous placez une seconde sentinelle dans mes guérites de porphyre, je porte ma plainte à l'état-major.

— Oui, oui, plaisantez, monsieur, dit l'officier bourgeois avec un mouvement de tête solennel et touchant ; c'est pourtant cette sentinelle qui nous a préservés de grands malheurs ; j'ai son rapport dans mes cartons.

— Il vous a écrit son rêve, dit Arthur, et il a été long.

— Son rêve, oui, son rêve, murmura l'officier avec des yeux railleurs et fins.

— Il a rêvé une conspiration de statues, poursuivit Arthur, ce bon M. Colardeau, et, dans un sommeil de vingt-quatre heures, il a croisé la baïonnette à Hercule au repos, au gladiateur, au Tibre, aux sphynx, aux deux hermaphrodites, à Marsias, à Melpomène et à Osiris.

— C'est bien, c'est bien, dit l'officier ; mais, si j'étais de garde aujourd'hui, je crèverais cette caisse d'un coup de sabre pour voir ce qu'elle contient.

— Voyons, lieutenant, dit le directeur, voulez-vous faire la paix ?

— Je veux faire mon devoir, dit l'officier d'un air digne.

— En ce cas, venez, messieurs, dit le directeur, suivez-moi avec votre caisse. C'est le cheval de bois d'Ilium, ajouterait M. Bonchatain.

— Enfin, nous voilà délivrés, dit Arthur en suivant avec Félix et le commissionnaire les pas du directeur. Si cet officier était préfet de police, tout Paris irait un beau soir coucher en prison... Monsieur le directeur, vous voyez que j'ai suivi vos conseils hygiéniques ; j'apporte mon arsenal de peintre. Serez-vous assez bon pour donner à mon ami Félix Davillet la permission de travailler avec moi dans la galerie.

— Comment donc ! dit le directeur ; après le service que vous m'avez rendu, mon jeune avocat, je n'ai rien à vous refuser. Il faut bien que je vous paye vos honoraires.

— Mille grâces, monsieur le directeur, dit Arthur en s'inclinant.

— Quel tableau allez-vous copier ? Avez-vous fait un choix ?

— Pas encore, monsieur le directeur ; mon ami Félix me donnera des conseils. C'est un artiste aussi.

Félix se fit rougir modestement, en étouffant un éclat de rire.

— Quel est votre genre de prédilection ? demanda le directeur.

— L'histoire de petite dimension.

En passant devant le concierge du Louvre le directeur désigna du doigt les deux amis et lui dit :

— Ces messieurs travaillent à la galerie ; vous les reconnaîtrez.

Et, s'adressant aux deux amis, il ajouta : Maintenant nous allons au travail, chacun de notre côté. Si je puis vous être encore de quelque utilité, messieurs, disposez de moi.

Arthur et Félix entrèrent avec leurs bagages dans la grande galerie. Ils ne daignèrent pas donner un regard ni aux écoles française et flamande, ni aux amateurs des deux sexes qui copiaient Rubens, Léopold Robert, Téniers ou Poussin. Ils marchaient l'œil fixé sur la travée lointaine où rayonnent, à défaut de soleil, Raphaël et Murillo. Quand ils touchèrent la dernière colonne, où éclate la Venise de Canaletti, ils s'arrêtèrent ; leurs yeux furent éblouis, et leur étonnement cloua leurs pieds sur le parquet.

Ils crurent d'abord tous deux qu'ils assistaient à une scène de mirage égyptien, et qu'une illusion d'optique reproduisait en ce moment devant eux le salon de M. Belliol, avec un encadrement de tableaux divins. Toutes les jeunes demoiselles de la veille, doublées de femmes de chambre, en travail de couture, agitaient leurs pinceaux devant des toiles d'élite. A côté de mademoiselle Bonchatain, qui copiait *la Sainte Famille* de Murillo, Léonie, reproduisait à son chevalet *la Vierge au voile* de Raphaël ; mademoiselle Georgina, la fille de l'ébéniste, copiait *les Chasseurs* de Salvator Rosa ; la fille du marchand de cristaux copiait un portrait du Sanzio ; la fille de la maison de roulage de la Villette s'était établie devant le *Martyre de la mère des Machabées* ; les autres, que Félix et Arthur reconnurent aussi, travaillaient à leur toile de prédilection, et toutes souriaient comme des anges, avec l'incarnat de l'artiste sur les joues, à ce monde idéal et adoré qu'elles faisaient revivre sous leurs jolis doigts.

Félix se réveilla le premier et dit à son ami :

— Pas un instant de plus à perdre ; tout de suite au travail. Nous avons le droit de nous établir ici ; établissons-nous. As-tu un chevalet pour moi, et le reste ?

— Voilà, prends, choisis... Quel tableau vas-tu copier, Félix?

— Parbleu! celui qui est à côté de *la Vierge au voile*.

— Mais je crois, Félix, que tu n'as jamais manié un pinceau?

— Jamais, Arthur. Cela m'est bien égal ; je vais d'abord poser mon chevalet, dresser mes batteries, faire semblant de préparer mes couleurs, planter ma chaise. Il me faudra bien une séance pour cela. S'il me reste du temps je peindrai les nuages. Ne t'inquiète pas, je me débrouillerai.

— A la bonne heure! Moi, je vais m'établir devant la bataille de Salvator Rosa, et saluer en passant mademoiselle Bonchatain.

Félix vint s'établir à deux pas de mademoiselle Léonie d'un air effaré, comme s'il eût été seul dans la galerie. Ses préparatifs paraissaient l'absorber tout entier, et il n'avait pas une seule distraction pour sa belle voisine. Le monologue qu'il s'adressait à lui-même pouvait être facilement entendu par Léonie. Félix se disait : — Le jour n'est pas bon ici... J'aurais mieux fait de choisir une autre place et un autre tableau.. Ce saint Georges ne me plaît pas ; le cheval du guerrier m'offusque... il est trop fort d'encolure... Raphaël n'avait jamais vu de chevaux... il faisait mieux les femmes... Le paysage est affreux... deux arbres rabougris... N'importe !... c'est un chef-d'œuvre... et puis mon père sera content, la veille de la saint Georges, quand je lui présenterai mon cadeau... Ah! mon Dieu, ma chaise qui n'a que trois pieds... Je crois qu'il faut faire une pétition au ministre pour avoir une bonne chaise, ici... à moins que dans le voisinage on ne trouve...

Félix eut l'air de comprimer une sourde exclamation de surprise en regardant pour la première fois à sa droite, et, se levant avec respect, il salua mademoiselle Léonie, qui lui rendit son salut avec un sourire plein de finesse et de profondeur. Ce sourire intelligent signifiait : — Monsieur, je ne suis pas dupe de vos ruses ; vous êtes ici pour moi, mais je ne m'en fâche pas.

— Mademoiselle, dit Félix en essayant une nouvelle chaise, voilà une rencontre heureuse à laquelle je ne m'attendais pas.

— Les romanciers doivent s'attendre à tout, dit Léonie en prenant du bleu sur sa palette et sans regarder le jeune homme.

— Devant des fables, oui, mais devant des tableaux d'histoire, non... Vous permettez, mademoiselle, que je donne un coup-d'œil à votre copie?... C'est divin comme l'original... Quelle tête charmante de jeune vierge! quelle adorable divinité dans le regard! Comme j'aime ce front si pur, ces yeux si beaux, cette bouche céleste, ces mains exquises, cet ensemble merveilleux! Il ne faut pas admirer, il faut se prosterner à genoux devant ce chevalet. Il faut donner sa vie à cette adoration et la continuer dans le ciel!

— Ce que vous dites là, monsieur, dit Léonie en faisant du vert sur sa palette, s'adresse à l'original, j'espère? Ma copie est trop imparfaite pour mériter de tels éloges.

— Je vous prie, mademoiselle, de m'autoriser à garder mon secret. Tout ce que je puis dire, c'est que je n'aime pas les vierges de Raphaël.

Tout le rouge de la palette monta au visage de Léonie, et son pinceau trembla sur sa toile.

— Cela vous paraît sentir le sacrilège, poursuivit Félix en assujettissant sa toile sur le chevalet avec un soin bien joué; mais on dit que je suis un hérétique en peinture. Je n'aime Raphaël que dans sa première manière, lorsqu'il était encore Pérugin, lorsqu'il était naïf comme un adolescent au berceau, lorsqu'il peignait la vie du pape Pie II dans la sacristie de la cathédrale de Sienne. L'art étant venu, il a été moins Raphaël.

— Vraiment! dit Léonie en lavant le bout de son pinceau, c'était bien la peine de donner tant d'éloges à ce tableau pour arriver ensuite à ce sacrilège.

— C'est que je n'ai pas été compris, mademoiselle ; tout ce que j'ai dit sortait du cœur.

— Quand nous lirez-vous votre *Pêche au Lion*? dit Léonie en rejetant sa charmante tête en arrière sur le haut de son siège, comme pour chercher un jour plus favorable à une observation de détail.

— J'attends l'ordre de M. Belliol, votre excellent père.

— Votre affreuse histoire de *Santa-Croce* m'a ôté le sommeil cette nuit. Je dois être pâle à faire peur?

— Mademoiselle, si j'étais un miroir, je vous donnerais un démenti sur-le-champ.

— Mais il me semble, monsieur, que vous négligez un peu votre saint Georges?...

— C'est que, mademoiselle, je ne sais pas trop par où commencer... Ce grand cheval me fait peur...

— Est-ce la première fois, monsieur, que vous venez peindre au Louvre ?

— Oh! mademoiselle, je suis un habitué... Avant-hier j'ai achevé ma copie de l'*Hélène et Pâris* de David.

— Vous aimez David?

— Je l'aime avec modération ; c'est l'inverse de ce que j'aime en ce moment, mademoiselle.

— Vous êtes un élève de Delacroix, je parie?...

— J'aime beaucoup Delacroix ; mais je suis élève de Louis Boulanger.

— Pour un élève d'un si bon maître, vous avez une plaisante manière de tenir un pinceau. Si M. Boulanger vous voyait, il vous renierait.

— Mademoiselle, dit Félix avec feu et gravité, je ne veux plus mentir ; je ne suis l'élève de personne ; mon maître est l'amour. Une occasion se présente de vous parler, je la saisis au vol. Vous êtes une esclave domestique, comme toutes les femmes. Impossible de vous voir sans témoins. Les murs de votre maison sont tapissés d'oreilles et d'yeux. Ici je n'ai d'autres témoins de mes aveux que ces tableaux muets. Je vous aime, mademoiselle, et, si je pouvais vous parler une éternité pour paraphraser ces trois mots, ma bouche trouverait sans cesse une expression nouvelle pour une nouvelle pensée de mon cœur. Je vous aime, et, si vous me donnez seulement votre silence pour toute réponse, demain je vais vous demander comme épouse à votre père. Cela me fera excuser aujourd'hui la hardiesse de ma démarche, en vous rassurant sur mes intentions.

Léonie accouplait sur sa palette des couleurs insociables et inventait des nuances impossibles pendant le discours de Félix.

Après avoir imploré le silence comme une faveur, l'ambitieux Félix sollicita une réponse.

La jeune fille prit la pose de la déesse Muta, et mit le bout de son pinceau devant ses lèvres, en guise d'index. Félix salua légèrement et abandonna son chevalet pour se remettre de l'effort suprême qu'il venait de tenter auprès de Léonie. En marchant les yeux au plafond, il heurta le coude d'Arthur, qui demandait de l'outremer à mademoiselle Eugénie comme un service de voisine à voisin.

— Vraiment, disait Arthur en reprenant une conversation interrompue, vous me donnez, mademoiselle Eugénie, une singulière idée du caractère de votre père, M. Bonchatain.

— Oui, monsieur, disait Eugénie, mais cela fait l'éloge de mon père; il m'aime trop pour se séparer de moi.

— Il ne consentirait donc jamais à vous donner un époux ?

— Jamais, monsieur.

— Qu'il veuille garder à perpétuité ses statues, je le conçois, mademoiselle ; ses statues ont des cœurs de marbre et ne peuvent aimer, tandis que...

— Oh! monsieur, interrompit Eugénie, mon père est obstiné dans ses résolutions. Plusieurs partis se sont déjà inutilement présentés. Des partis honorables, quoi d'étonnant ! On sait que M. Bonchatain est fort riche, et les hommes, aujourd'hui, ferment, dit-on, les yeux sur l'épouse, et les ouvrent sur le coffre-fort.

— Je fais précisément le contraire, moi, dit Arthur en couvrant de ses yeux ardents le visage d'Eugénie.

— Vous copiez un beau tableau, monsieur, dit Eugénie d'un ton indifférent ; il me plaît beaucoup, et je le regarde tous les jours.

— Oui, j'aime beaucoup cette bataille de Salvator, dit Arthur en se mettant au diapason du ton de la jeune fille. J'aime cette horrible destruction d'hommes et de chevaux ; j'aime ce choc de cavalerie furieusement engagée ; j'aime ces combattants farouches qui trouvent un si poignant plaisir à s'exterminer tous entre deux horizons de ruines et de montagnes. C'est superbe à voir ! Salvator Rosa, le grand philosophe, peignit ce tableau dans son atelier du mont Aventin, lorsqu'il était riche, adoré, triomphant, lorsqu'il pouvait réaliser les doux rêves de fortune et d'amour qu'il avait faits dans sa pauvre cabane de pêcheur napolitain. Eh bien ! ce tableau ressemble à un suicide. L'artiste qui le créa sentait bouillonner au fond de son âme une pensée de désespoir. Salvator aimait une jeune femme d'Aricia ; il l'aimait comme les artistes aiment, un pied sur l'enfer, une main au paradis, tout prêts à choisir selon la chance heureuse ou fatale de leurs amours. Celle d'Aricia fut livrée à un autre. Salvator, au lieu de se tuer, composa ce tableau. J'aurais brisé ma palette, moi !

— Voilà, monsieur, votre ami le romancier qui veut vous parler, dit Eugénie avec une voix qui essayait en vain de dominer son émotion. Avec ces conversations le travail n'avance pas.

Arthur et Félix se rejoignirent et se racontèrent leurs entretiens, tous deux inclinés sur la balustrade de fer, devant le couronnement d'épines du Titien, comme s'ils eussent analysé du geste et de la voix les beautés de ce tableau.

— Nous avons aujourd'hui, je crois, avancé nos affaires d'amour, dit Félix ; maintenant il faut songer à nos amis des écoles ; on nous traiterait de monopoleurs. Demande, toi qui es puissant auprès du directeur, demande une permission pour dix jeunes peintres élèves, et demain nous commencerons une intrigue à douze et une véritable conspiration d'amour honnête et légitime contre douze héritières appartenant au petit commerce de Paris. Le directeur ne peut rien te refuser.

— Approuvé, mon cher Félix. Les maisons de toutes ces charmantes demoiselles nous sont fermées, le Louvre nous est ouvert. Le gouvernement, dont on dit tant de mal, favorise l'amour et entoure de gardiens le palais de nos rendez-vous. Vive le gouvernement !... A propos, cours vendre mes meubles chez Jaria.

— Nous aurons cinquante louis ce soir, et demain un équipage à deux chevaux et à vingt-cinq francs par jour.

— Et après-demain, Félix, nous passons à l'état de Rothschild.. inévitable ! toutes les difficultés s'aplaniront. Le château du Louvre n'est pas un château en Espagne, crois-le bien.

En se séparant sur la place du Louvre Arthur dit à Félix :

— Demain sera le jour de la grande conspiration.

L'éternel officier bourgeois, caché derrière un fiacre, entendit cette dernière phrase, et monta dans le fiacre pour se rendre à la Préfecture de police.

3

VI

L'HOTEL DE L'AMIRAL COLIGNY

Arthur et Félix étaient fort impatients de voir leurs affaires d'amour marcher bon train, cependant ils furent obligés de perdre quelques jours en faveur de leurs amis. Dans cette occasion, il fallait agir avec discernement et faire les meilleurs choix. Ils associèrent enfin à leur bonne fortune dix jeunes gens, cinq médecins et cinq avocats. On ne pouvait donc les accuser ni d'égoïsme ni de monopole. Après avoir trouvé au Louvre une mine d'or et d'amour, ils voulurent prendre généreusement dix associés.

Les dix nouveaux amoureux ne connaissaient pas encore leurs belles amies ; mais, à cet âge, on a tant d'amour à dépenser et à donner aux femmes qui ne le méritent pas, qu'il y en a toujours une forte somme pour celles qui le méritent. Les dix furent convoqués à domicile chez Arthur, dans son nouvel appartement de l'hôtel de l'amiral Coligny, car notre jeune avocat, après la vente obligée de ses meubles, s'était logé rue Béthisy, dans le voisinage du Louvre.

Cette rue est moins que modeste, elle est fort étroite et peu visitée par le soleil. On voit qu'elle a souvent été choisie à dessein par des conspirateurs qui voulaient marcher sur le Louvre par un chemin couvert. L'hôtel de l'amiral Coligny a des apparences de chaumière vertueuse : au milieu d'une plaine agreste, on le prendrait pour l'asile de l'innocence. Il paraît que sous Charles IX. les amiraux étaient fort mal logés ; ils n'avaient pas, comme M. de Rigny, un palais dans la Chaussée-d'Antin. Aussi cette indigence leur donnait des velléités de déménagement, et ils conspiraient pour devenir locataires du Louvre. Coligny ne commandait, il est vrai, qu'une escadre composée de deux barques, à l'ancre sous le pont Saint-Michel ; mais c'était la faute du ministre de la marine, vieux montagnard des Vosges, qui avait les vaisseaux en horreur ; et ce n'était pas une raison de donner à l'amiral Coligny un si pauvre logement. A Rome et à Carthage, Caïus Duilius et Magon étaient logés dans des palais, ornés de colonnes rostrales, même à l'époque où, comme l'a dit un poëte inconnu :

> Les antiques Romains et les Carthaginois
> Possédaient pour vaisseaux des coquilles de noix.

Jamais aussi Duilius et Magon n'ont conspiré contre leur pays, tout hérétiques qu'ils étaient.

Au premier étage de l'hôtel, Arthur habitait une chambre qui pouvait contenir, grâce à ses murs humidément élastiques, une douzaine de conspirateurs. C'était le quartier-général de l'amiral Coligny. Les dix nouveaux amoureux arrivèrent, au coup de huit heures de Saint-Germain-l'Auxerrois, et Arthur leur fit cette proclamation :

— « Mes amis, dit-il avec autorité, nous vivons dans un Paris qui est peu connu. Félix et moi nous l'avons découvert comme le voyageur Caillé a découvert Tombouctou. Depuis vingt ans, les fortunes particulières se sont accrues, dans des proportions merveilleuses, au sein de cette industrieuse cité. Le millionnaire y court les rues comme l'esprit. Vous voyez sur le seuil d'une boutique un quincaillier, un boulanger, un ébéniste d'occasion, un orfèvre, un marchand quelconque enfin, le libraire excepté, vous le voyez, couvert jusqu'à la ceinture de sa tunique d'alcôve, prenant le frais ou le froid avec sa femme, moins ses enfants, et vous pouvez vous affirmer que cet homme a eu au moins un million ; que ses filles ont appris l'anglais chez Robertson, le chant chez madame Damoreau, la danse chez Coulon ou Barré, le piano partout. Les rues de cette ville sont pavées d'héritières. Chaque numéro pair ou impair dit que la maison renferme au moins une jeune personne, élevée comme une princesse, et qui, dans ses rêves d'hyménée, se choisit un jeune époux de roman, un ange adoré, qui n'aura pas, comme son père, une enseigne sur un magasin.

« Ces grandes fortunes industrielles, aujourd'hui vulgaires, comme les grandes misères autrefois, ne doivent pas nous étonner. Depuis que l'univers s'est engoué de Paris, et ne consent à exister, avec ses cinq parties géographiques, qu'à condition que Paris existera, cette cité travailleuse est obligée d'envoyer à l'univers tous ses hochets de fantaisie. Paris est le pourvoyeur du monde enfant. On contrefait nos livres, nos opéra, nos drames, nos revues, mais on ne contrefait pas nos rubans, nos étoffes, nos meubles, nos miroirs, nos bijoux, toute notre industrie parisienne enfin ; et ce marchand que vous voyez assis devant sa boutique, comme s'il demandait au ciel un acheteur pour son pain quotidien, a expédié le matin des ballots à Cadix, à Rio, à Madras, à Bourbon, à Batavia. Si Paris fermait boutique, l'univers ennuyé se brûlerait la cervelle le lendemain.

« Ceci étant posé, messieurs et amis, le rôle qui nous reste à nous, jeunes hommes, riches d'éducation et pauvres d'argent, est facile à jouer. Vous avocats, et vous médecins, à peu près imberbes, vous ne pouvez pas envoyer vos plaidoyers et vos consultations en ballots à l'adresse des plaideurs et des malades des Deux-Indes ; vous êtes écrasés en naissant par la concurrence indestructible des vieux. Et pourtant vous êtes pressés de jouir, au milieu de ce monde opulent, ivres de ses voluptés ! Il vous faut donc, ô mes amis, un troisième état : c'est le mariage ! Devant ce mot, je vois quelques visages se colorer de teintes mélancoliques.... A Dieu ne plaise que je veuille vous conseiller un suicide social, un de ces stupides hyménées comme en virent souvent nos candides aïeux, alors qu'on chantait dans des opéra sans musique :

> Quand on sait aimer et plaire,
> A-t-on besoin d'autre bien ?

Non, messieurs, j'aimerais mieux vous envoyer au fond de vos provinces, et vous dire : Cultivez le célibat entre une gastrite et un mur mitoyen. L'état que je vous propose, c'est la fortune payée comptant, en billets de banque ou en immeubles, devant un notaire, en échange d'un simple *oui* prononcé au pied des autels.

« Les parents, plus ou moins millionnaires, qui ouvrent leurs boutiques sur la rue, ont en général un certain amour-propre fort excusable. En donnant à leurs filles l'éducation des princesses, ils ont renoncé à les établir bourgeoisement devant un comptoir comme des enseignes vivantes; ils ont rêvé, eux aussi, les mariages de bon ton, les jeunes époux gracieux, les professions de haute ligne; ils ont entrevu, dans un lointain lumineux et constitutionnel, des gendres députés, pairs de France, ministres, ambassadeurs. C'est à nous d'exploiter honnêtement ces paternelles ambitions, qui sont les vertus ou les vices de notre époque. On nous convie au mariage ; marchons. Nous sommes les germes d'une France nouvelle : nous sommes le printemps de l'avenir. D'un côté il y a une industrie qui fait de l'or sans acquérir notre science; de l'autre côté il y a l'étude qui fait de la science sans acquérir de l'or; que ces deux puissances se rapprochent, à notre exemple, et l'équilibre sera rétabli. Le monde, lentement miné par des vieillards politiques, doit être sauvé par les jeunes femmes et les jeunes gens. »

L'auditoire, agréablement flatté par l'orateur, lui prodigua les bravos.

— Maintenant, dit l'orateur, sur le ton de la causerie, maintenant, suivez-moi au Louvre. Je vous recommande la plus grande prudence; soyez adroits, calmes, réfléchis, délicats. N'effarouchez aucune oreille virginale. Choisissez vos amours. Elles sont toutes belles et riches; vous pouvez donc vous rendre amoureux les yeux fermés. Je vous annonce, pour vous mettre à l'aise, que ces jeunes femmes, à force de chanter et de peindre, ont pris, à leur insu, le caractère charmant et accessible des artistes. Vous ne trouverez pas, dans ce gynécée joyeux, un seul minois renfrogné. N'abusez pas pourtant de ce que je vous dis, messieurs. Une tactique habile est celle-ci : Il faut avoir beaucoup de respect et de timidité devant la femme qui vous inspire le plus de hardiesse dans son accueil. A l'œuvre donc, messieurs ! J'ai demandé vos entrées au Louvre à M. le directeur qui est mon obligé, entre nous. Vos arsenaux de peintures sont entre les mains des garçons de salle et à votre disposition. Allons conspirer au Louvre pour le bonheur de douze familles. L'heure de l'assaut général sonne à Saint-Germain-l'Auxerrois. Précipitons-nous tous, tête première, dans le mariage, et que tous les jeunes gens, séduits par nos succès, conspirent innocemment comme nous contre les humbles millionnaires de Paris !

Les douze jeunes gens sortirent de la rue Béthisy, côtoyèrent Saint-Germain-l'Auxerrois, comme une avant-garde de Huguenots, méditant une Saint-Barthélemy de catholiques, et entrèrent au Louvre par le guichet de la Colonnade. La grande cour était déserte en ce moment, et cette solitude faisait ressortir, dans un relief suspect, le bataillon des douze amis. Un seul passant les suivait de près, comme pour former le nombre 13, chiffre de malheur ! C'était le Judas de ces douze apôtres du mariage.

Arthur marchait en tête en agitant une canne de corne de Rhinocéros, et par moment il se retournait vers le bataillon, et ajoutait un supplément de conseils oubliés dans sa proclamation de l'hôtel Coligny. Les jeunes gens avaient sur leur figure une expression d'audace aventureuse, oubliée devant le Louvre le 29 juillet 1830. Ils marchaient d'un pas de conquérants, et non d'un pas d'artistes, et leurs yeux étincelants semblaient lancer une traînée de flamme sur les croisées de la galerie, depuis le pavillon de l'Horloge jusqu'à la place du Carrousel.

Deux constables français, fort polis et gantés à l'étroit, stationnés avec deux fiacres devant la petite porte du Louvre, arrêtèrent au passage les douze jeunes gens, et on les invita bénévolement à se rendre chez le procureur du roi, au Palais-de-Justice, soit à pied, avec escorte, soit en fiacre, à leurs frais.

— Oh ! pour le coup, s'écrièrent en duo Arthur et Félix, ceci est trop fort, et nous assommerons cet officier, notre éternel persécuteur !

— Point de violence, messieurs, dit un constable avec la douceur polie d'un gendarme au repos; on ne doit assommer personne ici. N'envenimez pas votre position. Point de résistance. Obéissez.

— Comment ! on nous arrête ! s'écrièrent en chœur les dix autres jeunes gens.

— Eh bien ! dit Arthur, il faut en finir. Oui, allons chez le procureur du roi, et nous porterons notre plainte contre cet absurde officier. Ce coup vient de lui, allons !

— En fiacre ? demanda le constable avec une bonté paternelle.

— Belle demande ! eh ! oui, mettez-nous les menottes, faites-nous traverser Paris comme des galériens !

— Si vous avez des armes, je vous engage tous à me les remettre, dit le constable avec des yeux qui entraient dans les poches.

— Des armes ! s'écrièrent les dix jeunes gens;

mais dis donc, Arthur, est-ce que ce monsieur se moque de nous?

— Au reste, continua le constable, si les armes sont déposées ailleurs, on saura bien les trouver. Montez dans ces fiacres, messieurs.

— Il faut nous résigner, dit Félix à ses amis; c'est la troisième fois que nous sommes arrêtés ici comme des conspirateurs.

— Si vous vous occupiez de vos études et non de politique, dit le constable, cela ne vous arriverait pas.

— Ma parole d'honneur! dit Arthur, nous sommes entourés de fous!

Cependant les oisifs, les passants et les curieux jetaient les bases d'un rassemblement énorme, et on disait dans les groupes, avec cette assurance qu'on ne trouve que chez le public, qu'un grand complot venait d'être découvert, et que les nouveaux Catilina devaient incendier le Louvre avec des fusées à la Congrève et une machine infernale à vapeur. Les femmes frémissaient en serrant leurs petits enfants dans leurs bras, et l'oiselier qui vend des perruches devant le Louvre ôta les aras de leurs perchoirs, par mesure de précaution, et ferma son magasin.

Les deux fiacres s'acheminaient lentement vers le cabinet du procureur du roi, qui était un substitut.

L'ex-officier bourgeois suivait les fiacres avec des airs triomphants de Curtius; il se tressait une couronne civique et se votait une colonne triomphale sur la place du Louvre.

Le magistrat reçut les jeunes gens avec une physionomie sévèrement douce et leur fit signe de s'asseoir.

— Quand on pense, dit Arthur à voix basse et indignée, qu'il y a une statue de Malesherbes à deux pas d'ici!

— Oui, dit Félix; mais on l'a mise dans la salle des Pas-Perdus.

Le magistrat ouvrait des cartons, consultait des rapports, démembrait des dossiers, examinait des lettres, et prenait du tabac avec une solennité nasale digne d'une meilleure cause.

— Quel est celui de ces messieurs qui porte le nom d'Arthur Greminy?

— C'est moi, monsieur, répondit Arthur en se levant.

— Où logez-vous?

— A l'hôtel de l'amiral Coligny.

— C'est bien cela, le rapport est exact, dit le magistrat en souriant à un papier. Pourquoi avez-vous choisi cet hôtel?

— Parce que les chambres y sont à bon marché.

— Vous êtes en contradiction avec votre conduite... Je vois dans un autre rapport que vous avez arrêté votre place pour Reims; votre nom est inscrit sur le registre de Laffitte-Caillard.

— C'est vrai, monsieur.

— Il n'y avait donc pas économie à déménager. Bien au contraire... Tout cela est fort suspect... Vous avez vendu lundi vos meubles à M. Jaria, ainsi que M. Jaria l'atteste?

— C'est encore vrai, monsieur.

— Qu'avez-vous à dire pour votre justification?

— Que j'avais besoin d'argent, monsieur.

— Ah! on vend ses meubles pour avoir de l'argent!

— Eh! monsieur, voulez-vous qu'on vende son argent pour avoir des meubles?

— Ce ton n'est pas convenable, monsieur Arthur Greminy. Les jeux de mots ne s'accordent pas avec la gravité du prétoire. Soyez plus avisé.

Et, s'adressant aux dix en les interrogeant successivement avec la parole et les yeux, le magistrat leur dit:

— Qu'alliez-vous faire au Louvre ce matin?

— Nous ne le savons pas, répondirent les dix, les uns par un signe négatif de tête, les autres avec la voix. Un d'eux, plus hardi, ajouta:

— Quand vous nous le direz, nous le saurons.

— C'est bien, dit le magistrat, voilà un rôle finement joué. S'adressant à Arthur: — Où sont déposées vos armes?

— Chez Lepage, arquebusier, rue Richelieu, dit Arthur en souriant faux.

— Pourquoi Arthur Greminy et Félix Davillet ont-ils choisi la dernière travée du Louvre, celle qui avoisine le château des Tuileries, lundi dernier?

— Parce qu'il y a dans cette travée la *Bataille* de Salvator Rosa et le *Saint Georges* de Raphaël, répondit Arthur, et que ces deux tableaux ne sont pas ailleurs.

Le substitut prit un air malin et ajouta:

— Voici, messieurs, le rapport de deux peintres célèbres nommés d'office, et dont vous ne récuserez pas l'autorité, MM. Melchior et Boujelly; je vais vous en donner lecture: « Nous soussignés, etc., nous
« avons examiné, avec la plus consciencieuse atten-
« tion, les deux toiles de chevalet, pour y découvrir la
« trace d'une ébauche, mais nous n'avons rien dé-
« couvert, si ce n'est une quantité de taches rouges
« et vertes, et des raies jaunâtres, toutes entassées
« au hasard. Il paraît même que les mains qui ont
« fait ces taches étaient fort agitées, ce qui n'indique
« rien de bon... En foi de quoi, etc., etc. » Vous entendez, messieurs les peintres, ajouta le substitut avec un sourire poignant; qu'avez-vous à répondre à ce lucide rapport, fait par les gens de l'art?

— Une chose bien simple, dit Arthur; nous nous inspirons de nos sujets avant le premier coup de pinceau. Nous faisons un appel à notre courage; il en faut beaucoup pour s'attaquer à des maîtres comme Salvator et Raphaël; ils sont plus forts que MM. Melchior et Bourjelly, n'en déplaise à ces illustres experts.

— Très-bien! très-bien! dit le substitut. Prenez garde, messieurs, vous mettez le pied sur un mauvais terrain.

— C'est que nous suivons vos pas, remarqua Félix.

— Encore mieux, dit le substitut avec une lente oscillation de main droite qui signifiait : Rira bien qui rira le dernier ; et s'adressant à Félix :

— Qu'avez-vous fait dans la soirée de dimanche, rue Saint-Denis?

— J'ai passé la soirée dans une maison...

— Chez M. Belliol, dit le substitut ; j'achève votre phrase ; vous voyez que la justice sait tout... Vous avez prononcé, dans cette maison, une allocution incendiaire. Les fenêtres étant ouvertes, on entendait votre voix de la rue, dit le rapport ; les mots de poignard et de vengeance revenaient sans cesse dans votre discours, à tel point que d'honnêtes citoyens qui venaient de voir la première représentation de *Nicomède*, à la Comédie-Française, s'arrêtaient devant la maison de M. Belliol en disant avec indignation : La police ne devrait pas tolérer ces choses-là !... Vous voyez que nous savons tout.

— C'est juste, dit Félix, vous savez tout ; il n'y a rien à répondre à cela.

— Vous serez confronté demain, dit le substitut avec une voix satisfaite et cet organe sonore qui semble proclamer le triomphe d'une accusation, vous serez confronté avec M. Belliol et M. Bonchatain, vos complices...

Arthur et Félix se levèrent vivement, avec une exclamation douloureuse ; un signe de la main du substitut les fit asseoir.

— Vos complices, poursuivit le magistrat, et votre pâleur de ce moment atteste que le mot est juste. En attendant, votre mandat d'amener est changé en mandat de dépôt, et...

L'arrivée d'un huissier suspendit la phrase du magistrat. Les deux amis, debout et les bras croisés, jouaient entre eux, visage à visage, une pantomime de stupéfaction. L'huissier parlait à l'oreille du substitut.

— C'est inutile, dit le magistrat en écoutant avec distraction ; mais faites entrer.... Appelez aussi le brigadier de gendarmerie.

La porte s'ouvrit bientôt et le directeur des Musées royaux entra le sourire à la bouche ; il fit avec le doigt une menace amicale à Félix et à Arthur, et, tendant la main au substitut comme à une ancienne connaissance, il le conduisit dans l'embrasure d'une croisée et lui parla longtemps. Par gradations la figure officiellement sérieuse du magistrat se déridait, et, à la dernière phrase du directeur, le substitut poussa un éclat de rire invincible que la majesté du prétoire ne put réprimer. Arthur et Félix, qui sui-

vaient avec intelligence le mouvement des lèvres et les gestes de leur sauveur habituel, devinèrent tout, et la joie de leur délivrance fut attristée à l'idée que le Louvre allait se fermer pour toujours devant eux.

— Eh bien! messieurs, dit le directeur en prenant la main d'Arthur, tout est arrangé ; je suis pour vous la divinité dont parle Horace, celle qui intervient à propos : *Numen intersit*. On m'a dit qu'il y avait eu rassemblement et arrestation devant le Louvre et j'ai tout compris, surtout en apercevant vos places vides à côté de ces charmantes... Brisons là... Voyez donc ces petits monstres! il leur faut des lambris dorés pour nouer des intrigues !... Cela vous servira de leçon à tous, messieurs, ajouta le directeur avec une gravité amicale, si pareille conspiration se propageait, il n'y aurait plus de peinture possible! Le Louvre serait trop étroit. Il faut arrêter le mal dans son principe. Vous êtes libres, messieurs, et soyez sages à l'avenir. Mon jeune avocat, je vous ai payé aujourd'hui le solde de vos honoraires ; nous sommes quittes, n'est-ce pas?

Arthur et Félix serrèrent affectueusement les mains du directeur, qui les salua tous, avec une grâce parfaite, et sortit.

Le substitut avait repris soudain une figure paternelle ; il caressait sa main gauche avec la droite, et, s'approchant des conspirateurs, il leur dit d'une voix douce

— Je ne ferai que vous répéter la phrase de M. le directeur des Musées : vous êtes libres, et soyez sages à l'avenir. J'ajouterai pourtant que vous méritiez la mauvaise heure que je vous ai fait subir.

Les douze Catilina se confondirent en excuses et en actions de grâces.

En ce moment le brigadier entra, suivi de trois gardes municipaux, pour conduire les conjurés en prison.

— Vous pouvez vous retirer, leur dit le magistrat.

La salle des Pas-Perdus était inondée de curieux ; les conversations ne tarissaient pas. On donnait des détails sur le nombre des conjurés, sur leurs machines, sur leurs projets anarchiques, sur la couleur du drapeau qu'ils avaient choisi. On ajoutait que deux riches millionnaires, l'un boutiquier de la rue Saint-Denis, l'autre marchand de bric-à-brac au quai Voltaire, avaient semé l'or à pleines mains, et qu'un officier de la 13e légion avait découvert le complot.

L'ex-officier bourgeois, pendant cet interrogatoire, promenait son triomphe et ses confidences de la porte du café Thémis, à l'escalier où Barbin vendait les satires de Boileau.

L'impatience était grande parmi les curieux, et un murmure de satisfaction éclata lorsqu'on vit sortir du prétoire les gardes municipaux. Les yeux de tous n'avaient pas assez de leurs orbites pour dévorer au passage les hideuses figures des conspirateurs enchaînés qui allaient paraître.

Les gardes municipaux traversèrent la foule et gagnèrent le portique qui conduit à la rue de la Barillerie et à l'angle des Forges de Vulcain... Les conspirateurs ne sortaient pas.

— Le brigadier va chercher du renfort, disait la foule; et chacun demandait un pouce de terrain de plus à son voisin conquérant. Les dames de la sixième chambre essuyaient le verre de leurs lorgnettes d'Opéra.

Les conjurés parurent enfin, reconduits poliment à la porte du prétoire par le procureur du roi : c'étaient douze jeunes gens d'une figure charmante et vêtus au dernier goût. Ils se tenaient tous par le bras, le sourire aux lèvres, et, au lieu de suivre les gardes municipaux déjà disparus, ils trompèrent la foule et se dirigèrent vers la cour de la Sainte-Chapelle et l'escalier de Barbin. A ce spectacle inattendu les lorgnettes des dames criminelles pleurèrent de dépit, et l'ex-officier bourgeois, levant les mains vers la statue de Malesherbes, les fit retomber pour se frapper le front.

VII

SECONDE SOIRÉE CHEZ M. BELLIOL

Les douze conspirateurs s'arrêtèrent, à leur retour du Palais-de-Justice, dans la cour de l'hôtel de l'amiral, cette même cour où Besme attendait sa victime; mais ils n'entrèrent pas. Leur chef Arthur leur dit en les quittant :

— Mes amis, il ne faut point nous décourager. Nos affaires vont mal, c'est incontestable : le Louvre nous est fermé. Hors du Louvre ces demoiselles sont invisibles ; les parents les tiennent sous clef comme leurs billets de banque, à tel point que Félix aimait passionnément la fille de M. Belliol et ne savait pas même son nom. Vous ne connaissez pas le visage de vos futures épouses, mes amis; c'est égal, continuez à en être amoureux. A notre âge on aime bien plus l'inconnu que le connu. Soyez fidèles à ces jeunes femmes; fuyez Mabille et le Ranelagh. Réservez les polkas pour vos noces; soyez graves; teignez le quart de vos cheveux en gris, Palais-Royal, 476; vous les dégriserez après le contrat. Nous allons, Félix et moi, travailler pour vous. Si nous vous avons compromis dans une conspiration qui vous a conduit au pied de l'échafaud, nous vous devons un dédommagement qui vous conduira au pied de l'autel. Au lieu des lampes du cachot vous aurez les flambeaux d'hyménée. Songez que nous inventons un troisième état et qu'il faut travailler pour se donner une profession. Tous commencements sont pénibles; chacun de vous sera convoqué à domicile pour la première expédition. Adieu.

On se sépara.

Arthur et Félix montèrent dans une élégante voiture, louée vingt-cinq francs par jour et ornée d'un cocher sérieux, et se firent conduire rue Saint-Denis, à la boutique de M. Belliol. — Nous lui devons une visite, dit Arthur, et cela paraîtra fort naturel.

M. Belliol était en train de mesurer des rubans et agitait son mètre comme un sceptre de roi. La voiture des visiteurs s'arrêta devant l'étalage; le cocher fit un grand fracas de portière; les chevaux jouèrent leur rôle à merveille, comme des chevaux de prince; ils secouèrent leurs têtes avec un léger hennissement de bon ton et distillaient un peu d'écume sur leurs mors. Habitué à recevoir, dans sa boutique, les belles dames de la finance et de la noblesse, M. Belliol ne remarqua pas trop l'attirail solennel dont les deux visiteurs s'entouraient pour vingt-cinq francs par jour; mais, lorsque Félix et Arthur ouvrirent la porte vitrée, le marchand laissa tomber le mètre sur un méandre de rubans et courut à eux pour les recevoir.

— Monsieur, dit Félix en serrant les mains de Belliol, nous respectons vos occupations, et, dans nos courses, nous vous faisons au vol une visite d'un instant. Toute la famille se porte bien ?

— Vous nous faites beaucoup d'honneur, dit Belliol rayonnant et offrant des sièges ; ma femme est un peu indisposée.

— Ah! dit Félix, ceci me regarde... Quel genre d'indisposition ?

— Oh ! rien de sérieux! Hier, en rentrant, elle transpirait ; elle s'est assise entre deux airs, et je crois qu'elle a gagné une courbature.

— Monsieur Belliol, dit Félix, nous guérissons maintenant une courbature en vingt-quatre heures. Pouvez-vous me donner une plume et du papier ?

Les commis, qui avaient suspendu le service pour regarder l'auteur de *Santa-Croce*, se précipitèrent tous pour obéir à Félix. Arthur jouait négligemment avec un coupon de rubans verts, et dans une pose gracieuse comme la marchandise.

Pendant que Félix écrivait M. Belliol se faisait un monologue mental.

« Voilà un homme, disait-il, qui rendra une épouse fort heureuse, et la famille de son épouse aussi. Il guérira les ennuis et les maladies domestiques avec ses romans et ses remèdes. Quel trésor de gendre ! »

— Voilà, dit Félix en donnant le papier à M. Belliol; demain madame Belliol sera sur pied... Et tout le reste de la famille se porte bien ?

— Il n'y a que ma fille et moi, dit Belliol d'un air candide; moi, vous me voyez à la besogne; ma fille est à sa peinture.

— Ah ! mademoiselle Léonie est dans son atelier...

— Oh! son atelier n'est pas ici, dit Belliol en riant avec mystère, il est même fort loin d'ici... Mais c'est un secret.

— Alors n'en parlons pas, dit Félix avec un geste de discrétion. Que je ne vous retienne pas plus longtemps, mon cher monsieur Belliol ; je...

— A propos, dit Belliol en appuyant familièrement sa main sur l'épaule de Félix, à propos, vous savez que nous ne vous tenons pas quitte de *la Pêche au Lion?*

— Tiens ! je l'avais oublié ! dit Félix en se frappant le front avec un étonnement joué à merveille. Eh bien ! je suis prêt... et mon ami Arthur aussi vient de terminer sa nouvelle du *Gladiateur;* elle est dédiée à monsieur Bonchatain... Je vous ai dédié, à vous, monsieur Belliol, celle de *Santa-Croce*...

— Comment, docteur, vous avez eu cette bonté !... D'honneur je ne puis reconnaître assez...

Un accès de reconnaissance et de bonheur étouffa la voix de M. Belliol. En reprenant ses sens il continua ainsi :

— Quel jour serez-vous libre, docteur, pour me lire *la Pêche au Lion?*

— Votre jour sera le mien, mon cher monsieur Belliol.

— Samedi, docteur, si cela vous convient. C'est un excellent jour pour nous autres gens d'affaires. Le dimanche nous pouvons dormir notre grasse matinée, et ma fille ne va pas au... à l'atelier.

— C'est arrêté, samedi... Moi aussi, le dimanche, je laisse vivre mes malades. Un jour sur sept, il n'y a pas de luxe dans ma générosité... Adieu, mon cher monsieur Belliol. Ah ! j'oubliais quelque chose... Arthur et moi nous avons quelques amis, des hommes graves, qui portent un très-grand intérêt à nos succès de littérature, de médecine et de barreau... Vous savez qu'il faut des amis pour réussir dans les débuts... Ces messieurs seraient bien sensibles à la politesse de votre invitation, et nous ne serions pas exposés à nous mettre en délicatesse avec eux si nous lisions nos deux nouvelles en leur absence...

— Docteur, dit Belliol avec feu et en serrant la main de Félix, vous pouvez inviter en mon nom qui bon vous semblera. Vos amis seront nos amis, et mes salons sont grands.

M. Belliol et ses commis respectueux accompagnèrent Arthur et Félix jusqu'aux limites du trottoir. Nos deux jeunes gens remontèrent en voiture entre deux haies de têtes inclinées ; le cocher prit un air faubourg Saint-Germain, les chevaux firent jaillir des gerbes d'étincelles, et la voiture partit en humiliant de son galop les attelages numérotés. Cet événement fit sensation dans le voisinage ; il y eut sur les portes beaucoup de regards jaloux dirigés sur M. Belliol, et l'heureux marchand resta quelque temps sur le seuil de sa boutique pour savourer orgueilleusement la suave jalousie de ses voisins.

Il n'y avait pas de temps à perdre : Arthur et Félix, expulsés violemment du Louvre, n'avaient plus d'autre ressource que celle de faire des feuilletons et de les lire chez M. Belliol, devant les jeunes demoiselles artistes. Ils se mirent donc à l'ouvrage, chacun de son côté, et, samedi venu, ils avaient achevé *la Pêche au Lion* et *le Gladiateur.*

A cette seconde soirée chez M. Belliol, il devait y avoir nécessairement un progrès d'intimité entre les deux amis et les diverses familles opulentes accourues avec cet empressement que donne l'ennui à la richesse. Aussi Arthur et Félix entrèrent, cette fois, d'un pas familier dans le salon, et engagèrent de courtes conversations dans tous les groupes des deux sexes. Les dix nouveaux invités arrivèrent deux à deux pour ne pas effaroucher M. Belliol, et, à mesure qu'ils entraient, Félix les présentait au maître de la maison. La conspiration, comme on voit, n'avait fait que changer de place : du Louvre elle descendait à la rue Saint-Denis.

Après un ravissant duo d'Adam et une cavatine d'Auber, Félix se leva, et, au milieu du plus profond silence, il lut la nouvelle suivante.

VIII

LA PÊCHE AU LION

Le monde savant connaît Belzoni, illustre voyageur qui a découvert la seconde pyramide, et publié un ouvrage sur l'Égypte et sur le cours du Nil, depuis le Takase jusqu'à la mer, en oubliant toutefois la presqu'île de Meroë, qui, d'après Hérodote, fut le berceau des gymnosophistes, et qui a le privilège d'avoir conservé, vivant sur les arêtes de ses nopals, le scarabée sacré cher aux prêtres d'Isis.

Ne vous alarmez point de la gravité de mon début. L'ennui est fils du sérieux, et il recule toujours devant un parricide qui rendrait les livres fort amusants, s'il s'accomplissait. Ce que l'ennui n'ose faire par pitié filiale, faisons-le ce soir.

Avant d'embrasser la profession honorable de savant Belzoni était danseur de corde, et lorsque Méhemet-Aly, absorbé par les soins de l'héritage des Pharaons, et privé d'un bon conseil, Joseph, laissait tomber sur sa barbe sa tête pleine d'un souci pyramidal, il appelait Belzoni, qui n'était pas encore savant, et le priait de danser sur une corde tendue entre deux palmiers. Cet exercice est très-pénible en Égypte, et la sueur du funambule, coulant sur le chanvre tordu, rend le terrain glissant. Belzoni fit quelques chutes et donna sa démission. M. Hogges, de la Société royale de Londres, lui conseilla de se faire savant, et il obéit. En Égypte il est assez difficile d'acquérir de la science depuis que le grand Omar a rendu à l'humanité l'immortel service de brûler la bibliothèque d'Alexandrie, ce qui console les bibliothécaires présents, déjà si mal logés à l'étroit. Cependant Belzoni eut le bonheur d'acquérir une haute réputation dans la science en fumant beaucoup de pipes devant l'inscription de la colonne de Pompée, et en expliquant à M. Hogges quelques hiéroglyphes, comme des rébus du jour de l'an et des énigmes du *Charivari*.

Un jour M. Hogges lut dans un journal anglais la traduction d'un feuilleton des *Débats* dans lequel notre célèbre compositeur, Hector Berlioz, qui est aussi un homme d'infiniment d'esprit et de style, indiquait un nouveau moyen de traverser les déserts sablonneux sans être exposé aux vieux inconvénients de ce voyage. Il s'agissait de monter en aréostat suspendu et attelé à un dromadaire, attelé lui-même à un fellah. Ce plan était peut-être une ingénieuse plaisanterie du spirituel écrivain, mais M. Hogges le prit au sérieux et le communiqua à Belzoni. Le savant italien, qui se souvenait de la corde horizontale, sourit à l'essai de la corde verticale, et demanda mille livres à M. Hogges pour avoir l'honneur de l'accompagner dans son voyage aérien.

M. Hogges lui dit : — Je ne tiens pas à mille livres, comme tout Anglais ; voici mon mandat sur M. Jules Pastré, à Alexandrie. Les frais de notre voyage seront si considérables que cette somme disparaît dans la masse. Il faut d'abord que le vice-roi nous donne des firmans et envoie des Arabes jusqu'aux montagnes de la Lune, sources présumées du Nil, pour y établir, sous de bonnes huttes, des dépôts de zinc et de toutes sortes de provisions. Je payerai le zinc, les provisions et les Arabes. Il nous faut toute la provision de baudruche qui est à Alexandrie pour arrondir un aérostat immense. Enfin nous devons avoir des dromadaires de rechange pour entretenir l'attelage et le renouveler au besoin.

Alors Belzoni lui dit : — Monsieur Hogges, ce que vous me dites là m'encourage à vous demander mille livres de plus, pour être plus digne encore de l'honneur de vous accompagner. Une occasion pareille ne se présente qu'une fois et je veux la saisir. J'ai à Venise une femme fort chère et trois enfants.

Une larme mouilla un œil de Belzoni, et M. Hogges, attendri, accorda tout. — Voici maintenant, dit M. Hogges, le but de ce voyage ; tout voyage doit avoir un but sérieux. Nous ne voulons pas faire une promenade en l'air pour amuser les autruches, les crocodiles et les ibis. L'Europe nous regarde, selon son usage. Nous voulons achever l'œuvre pénible déjà commencée par Mongo-Park, Pritchi, Bruce, Rossignol et bien d'autres : nous voulons découvrir les sources du Nil sans être incommodés, comme nos devanciers, par la chaleur, les insectes, la poussière, le sable et les bosses de dromadaires. Il nous sera donné de découvrir les sources, à moins que le Nil n'ait pas de sources, ce qui serait contraire aux habitudes des fleuves de tous les pays. Depuis le règne de Georges III la trésorerie a dépensé soixante-dix millions pour trouver le berceau du Nil ; avec cette somme on aurait fait boire du porter et du sherry aux ouvriers jusqu'à la fin de l'Angleterre, si l'Angleterre doit avoir une fin quelque jour, ce que je ne crois pas. Aujourd'hui c'est à mes frais que nous faisons cette expédition, et le lord de la trésorerie nous remboursera peut-être l'argent.

— Alors, dit Belzoni, cela m'autorise à vous demander mille livres de plus, parce que je suis le seul savant attaché à cette expédition.

— Accordé, dit le généreux Hogges.

Il fallut trois mois pour organiser le service de l'aérostat. Belzoni employa ce délai à fouiller quelques nouveaux puits de la seconde pyramide, et il découvrit deux mines de momies vierges, de l'espèce de celles que M. White, chimiste à Londres, *King-William-Street*, fait étuver proprement pour ses remèdes contre les maladies du larynx.

Tout étant prêt, Belzoni, M. Hogges et madame Hogges, jeune Alexandrienne de trente ans, s'embarquèrent sur le Nil et le remontèrent jusqu'aux roches brunes de Phil. M. Hogges avait pris des leçons d'aérostat d'un élève de Garnerin, qui s'était fait musulman au Caire pour épouser un sérail, en haine du mariage. Belzoni, avec son intelligence naturelle, devina bientôt tout le mécanisme du métier. On venait de faire, entre Akmounain et Assouan une répétition générale avec les accessoires, laquelle avait parfaitement réussi. On allait s'élancer vers l'azur sous de favorables auspices, et respirer en Égypte cette fraîcheur aérienne que le Mont-Blanc garde sur ses sommets. Voyager ainsi c'est se bâtir sous les pieds une succession de crêtes de montagnes à l'infini, en économisant les bases. Ainsi parlait le savant Italien.

Bientôt le désert nu et sans arrosage se déroula devant eux. Madame Hogges menaça son mari de se précipiter entre deux crocodiles endormis sur un lit de roseaux si elle n'était pas acceptée comme compagne de ce beau voyage. M. Hogges, redoutant beaucoup plus les pourvoyeurs de sérail que les crocodiles, donna la main à sa courageuse épouse et l'embarqua sur la vaste nacelle. On déroula une corde sans fin, tordue à la corderie du vice-roi, et on l'assujettit par un énorme crochet de fer à une ceinture de cuir qui cerclait un dromadaire entre ses deux bosses. Un Arabe conduisait l'animal. Le ballon s'éleva majestueusement dans les airs.

Belzoni et les époux Hogges éprouvèrent des frissons de joie en s'élevant au-dessus du niveau de la chaleur. Du haut des airs, la vaste plaine avait une blancheur éblouissante; et, à l'invers des ascensionnaires du Mont-Blanc, la terre leur parut couverte de neige, ce qui leur donna plus de fraîcheur encore. Madame Hogges prit son châle, et les deux voyageurs, qui avaient oublié leurs manteaux en Égypte, comme Joseph, commencèrent une partie d'écarté. L'aérostat, poussé au trot du dromadaire, plus agile que le cheval, laissait le vent lourd en arrière : on filait douze nœuds à l'heure. A midi, M. Hogges quitta le jeu pour relever une erreur géographique de Bruce, lequel a oublié sur ses cartes de consacrer un point noir à la presqu'île de Meroë. De la nacelle de l'aérostat on découvrait, à gauche, sous une zone ardente, les quarante pyramides qu'Hérodote le Véridique a comptées sur ses dix doigts.

La nuit venue, l'aérostat descendit dans le vallon osseux formé par les bosses du dromadaire. Les voyageurs avaient atteint déjà l'oasis de Belk-Alzir, qui sert, pour ainsi dire, de péristyle végétal à la vallée profonde où l'armée de Cambyse fut asphyxiée par le Kamsin, au retour de son épédition contre les augustes nez des dieux d'Égypte et des sphynx.

A l'aurore du lendemain, le ballon reprit son essor; trente Arabes envoyés d'avance à l'oasis avaient fait les préparatifs nécessaires à la seconde ascension. C'était le second relai. Au départ, le thermomètre Farenheit marquait déjà 33 degrés 8° 5', et quand l'aérostat eut épuisé la corde, le mercure descendit à 4 degrés 9°... 3'... L'aspect du pays devenait affreux. Vers le nord, couraient des montagnes nues, qui pouvraient bien être une déviation de l'épine dorsale du Mokatan, égarée au désert. L'Abyssinie apparaissait entre quatre horizons avec ses pâles horreurs : à d'énormes intervalles se révélaient quelques oasis, comme des points noirs sur une carte blanche. Les autruches ressemblaient à des hirondelles rasant le sol. Un coup de vent supérieur ayant enlevé des mains de Hogges les cinq cartes de son jeu, au moment où il disait : *coupe, atout et passe mon roi*, toute distraction fut enlevée au trio voyageur. Seulement Belzoni se baissait, par intervalle, pour essayer de ramasser un aigle dans les airs.

Lorsque l'immense obélisque de Nen-Assoûn marqua midi, comme une aiguille solaire sur un cadran, M. Hogges se pencha, pour faire la sieste, sur un trousseau de cordes, et son épouse l'imita. Belzoni, abandonné de ses compagnons et ne sachant que faire, se rendit amoureux de madame Hogges, et composa un sonnet italien qu'il écrivit au crayon, avec l'intention de l'offrir au moment opportun. Il faut toujours qu'un Italien fasse des sonnets.

Madame Hogges se réveilla un peu avant son mari, et Belzoni, avec un sourire gracieux, lui présenta sa déclaration d'amour. Le sonnet commençait ainsi :

Nel cielo tua bellezza. Madame Hogges lut le sonnet et s'excusa de ne pas le comprendre. L'audacieux Belzoni prit la main de la jeune voyageuse et la serra vivement : révoltée de cette impertinence, elle poussa un cri, et M. Hogges bondit sur son oreiller.

C'était un mari fort jaloux et méfiant : en se réveillant il vit un grand trouble sur le visage de Belzoni, et une teinte de colère pudique aux joues brunes de sa femme. Le sonnet éclaircit bientôt la situation ; il était sur les genoux de la femme, et le vent avait oublié de l'enlever. M. Hogges s'empara de cette pièce de conviction et la traduisit en anglais, en lançant à chaque vers un regard indigné sur l'infâme séducteur aérien. Belzoni baissait les yeux comme un coupable. L'époux, cruellement outragé, méditait un duel à vingt pas. L'épouse tendait ses bras vers la terre, comme pour supplier le ciel de sauver son honneur et son mari. Le moment était solennel, le silence effrayant, la hauteur démesurée. Quelques aigles, seuls témoins de cet incident, rasaient la nacelle.

Une violente secousse, imprimée par la corde au ballon, détourna les esprits de cette scène de jalousie. Quelque chose de terrible menaçait sans doute les voyageurs. M. Hogges serra le sonnet dans son portefeuille, et ouvrit les cinq tubes de sa lunette d'approche pour examiner la situation des choses de la terre. Ce qu'il vit le glaça d'effroi. L'Arabe conducteur avait disparu, et le dromadaire fuyait au bout de sa corde, ayant aux trousses deux superbes lions à tous crins.

— Nous sommes perdus! s'écria M. Hogges, et il céda le télescope à sa femme, qui regarda et pâlit sous les couches brunes de sa figure alexandrine. Belzoni, absorbé par son amour, qui avait déjà de profondes racines; les passions vont vite en aérostat; c'est le chemin de fer de l'amour: Belzoni, sentimental comme Pétrarque, composait un autre sonnet sur le bonheur de mourir avec madame Hogges, et d'être enseveli dans le même tombeau, le ventre d'un lion : *Nella stessa tomba, colla mia Laura*.

Les deux lions atteignirent le dromadaire, et tout à coup le ballon s'arrêta dans le ciel, comme le soleil de Josué. L'émotion des époux Hogges était au comble, et ils se cédaient mutuellement la lunette, comme font deux voisins au théâtre, pour voir déclamer un ténor de cent mille francs, lorsqu'il ne chante pas. Belzoni s'abandonnait intérieurement à tout le délire de son amour, et sa pose était calme comme celle de Daniel dans la fosse aux lions.

Cependant, d'après le rapport infaillible de sa lunette, les lions ne perdaient pas leur temps; on eût dit qu'ils avaient subi un long jeûne au désert, depuis le grand festin de l'armée de Cambyse. L'un des deux, la femelle, sans doute, détacha un quartier de dromadaire, et le porta probablement à sa jeune famille, domiciliée dans les grottes du Mokatan abyssin. Le lion qui restait s'accroupit, en sphinx nonchalant, devant les trois autres quartiers du chameau, comme un lazzarone devant un plat napolitain, et se mit à dévorer, pièce à pièce, l'attelage de l'aérostat.

— Mon Dieu! s'écria M. Hogges en embrassant sa femme, qu'allons-nous devenir? Cette insolence de bonheur conjugal irrita Belzoni, et il éprouva l'horrible velléité de lancer cet heureux époux, par-dessus la nacelle, dans la fosse aux lions, en guise de dessert, après le repas du dromadaire.

— Voilà un lion, disait Hogges, comme pour s'expliquer nettement la crise, voilà un lion qui va dévorer sa proie jusqu'à la dernière tranche, jusqu'au dernier os. Il lui faudra, sans doute, plusieurs jours pour voir la fin d'un dromadaire; il partira souvent, et reviendra souvent, à ses heures d'appétit, comme on va chez un restaurateur.

Puis, lorsque tout sera dévoré, quel sera notre destin? Les vivres vont nous manquer. Le ballon restera planté ici comme un navire à l'ancre; et si nous dérapons, Dieu sait où le vent nous poussera. Les quatre points cardinaux sont quatre gouffres, quatre écueils, quatre tours d'Hugolin; espoir nulle part. Encore cette fois, les sources du Nil gardent leurs mystères. O Ciel, notre secourable voisin, viens à notre secours!

M. Hogges avait bien raisonné. L'appétit n'est pas éternel, même dans l'estomac d'un lion. Celui-ci, après avoir mangé deux bosses et bu quelques litres de sang frais, se retira d'un pas joyeux, en secouant sa crinière, jouant du bout de sa queue avec les arêtes des nopals, et poussant, par intervalles, des rugissements mielleux, comme un gastronome qui fredonne une chanson après un bon repas.

— Mais que dites-vous de cela, monsieur Belzoni? s'écria Hogges, en croisant les mains sur son front; vous avez une tranquillité offensante pour nous. Voyez, que faut-il faire? Donnez un avis!

— Ah! dit Belzoni, avec des soupirs mystérieux, la vie m'est odieuse, et il m'est fort égal d'être enterré dans les nuages ou ailleurs. Votre bonheur me révolte, et je ne demande pas mieux que de vous voir expirer dans mes bras.

— Prenez donc pitié de cette pauvre femme qui pleure et tremble, monsieur Belzoni!

— Savez-vous bien, monsieur Hogges, que je perds, moi, les trois mille livres de notre traité, soixante-quinze mille francs, monnaie de France! Prenez pitié de moi.

Sur ces entretiens la nuit tomba, et il fallut bien se résigner à la passer au même gîte. On entendait au-dessous mugir les bêtes fauves, comme on entend, dans un lit d'auberge, les croassements des marais; par moments l'hôtellerie de baudruche éprouvait une secousse brusque : c'était sans doute quelque animal carnassier qui arrachait une côtelette au dromadaire et faisait un *media noche* en passant. Belzoni fredonnait à la sourdine une octave du Tasse, comme un gondolier vénitien à l'ancre devant Saint-Marc. Hogges, armé d'une perche, chassait les aigles, qui, prenant l'aérostat pour une montagne endormie sur un nuage, menaçaient de crever la baudruche d'un coup de bec, et de donner passage au gaz évaporé. Cette nuit fut bien longue; madame Hogges goûta pourtant quelques heures de sommeil.

Le lendemain, à l'aurore, la lunette d'approche permit de distinguer les ravages que les convives avaient faits sur la nappe blanche du festin. Quelques miettes de dromadaire restaient encore; le squelette se montrait dans sa nudité sanglante, et, si une faim extrême ne poussait pas de ce côté quelque animal à jeun ou amateur des os décharnés, il fallait s'attendre à une station perpétuelle dans la région des nuages : l'aréostat passait à l'état de planète fixe et servait de demi-lune aux astronomes abyssins.

La puissante carcasse du dromadaire retenait toujours la corde de l'aérostat à son crochet de fer, et il était défendu aux navigateurs aériens d'aborder aux côtes du squelette, car les bêtes fauves du voisinage n'auraient pas manqué d'accourir pour dévorer les voyageurs descendus en s'aidant de leur corde de salut. Le *statu quo* était aussi désespérant que tout autre procédé de manœuvre.

Malheureusement la discorde régnait dans la population de l'aérostat. Les plus vives passions étaient aux prises. Deux hommes composaient ce peuple, bercé par le vent sur un cratère de lions, et les deux camps se rangeaient en bataille pour s'égorger. S'ils avaient eu deux presses dans leurs bagages de nacelle, on aurait vu éclore deux journaux, et la femme aurait ouvert un cabinet de lecture. Voilà l'homme! Étonnez-vous ensuite des violentes disputes des Grecs, lorsque Mahomet II était aux portes de Constantinople, menaçant la croix avec les deux becs du croissant turc.

Belzoni, dans un louable désir de paix, fit à M. Hogges une proposition assez étrange.

— Monsieur, lui dit-il, les lois anglaises et votre religion autorisent le divorce, n'est-ce pas?

— Oui, monsieur, dit Hogges.

— Je consens à vous aider dans ce péril si vous signez cet écrit que j'ai rédigé, au clair de la lune, la nuit dernière.

— Est-ce encore mille livres que vous me demandez? dit Hogges.

— Moins que cela; je vous demande le divorce avec madame.

— Ciel! s'écria Hogges, comme on appelle un voisin à son secours.

— Si vous hésitez je coupe la corde, et nous allons voyager dans la lune tous les trois. Votre existence tient à un fil; voilà un couteau ouvert; je suis votre Parque; je vais couper.

Hogges arrêta le bras de Belzoni.

— Et les sources du Nil? monsieur Belzoni, les sources du Nil?

— Je me moque des sources du Nil comme d'un verre d'eau; j'aime votre femme, et, si vous ne me promettez pas de faire prononcer le divorce devant un tribunal anglais, à notre descente sur la terre, je crève notre ballon.

— Il le ferait comme il le dit! s'écria madame Hogges en essuyant ses yeux avec un nuage. Sacrifiez-vous pour vos enfants, cher Hogges, et oubliez-moi.

— Vous voyez, dit Belzoni, que madame accepte le divorce.

— Eh! mon Dieu! s'écria la voyageuse, dans notre position que n'accepterait-on pas? Nous sommes à deux mille toises au-dessus des lois humaines et du code social!

Hogges voila son front d'un nuage et demanda un quart d'heure de réflexion. Belzoni tira sa montre et fit un signe d'acquiescement.

Le quart d'heure expiré, M. Hogges renoua l'entretien et dit :

— Savez-vous bien, monsieur Belzoni, que ce que vous me demandez là est horrible?

— Voilà donc, monsieur Hogges, dit M. Belzoni en reprenant son couteau, voilà donc ce qu'un quart d'heure de réflexion a produit! Je vous le répète, monsieur, j'aime votre femme; je l'aime d'un amour de deux mille toises au-dessus du niveau de la mer; je l'aime comme on doit aimer au vestibule du paradis. C'est une passion inexorable; ainsi n'essayez pas de la contrarier. D'ailleurs vous n'avez plus de droits sur votre femme.

— Ah! ceci est trop fort! s'écria monsieur Hogges; je n'ai plus de droits sur ma femme! Et qui me les a ôtés ces droits?

— Notre nouvelle position, monsieur. Vos nœuds sont brisés. Ce que vous avez contracté sur la terre n'a plus de valeur dans un nuage. Réfléchissez encore; votre existence ne tient plus qu'à un fil.

— Monsieur Belzoni, soyez juste...

— Je suis amoureux !

— Et moi aussi, monsieur Belzoni; je suis amoureux de ma femme...

— Insolent! s'écria Belzoni; mesurez vos expressions ou redoutez mon désespoir. Comment avez-vous l'audace de me parler de votre amour?

— Mais il me semble que j'en ai le droit! dit M. Hogges avec dignité; ne suis-je pas l'époux légal de ma femme?

— Malheureux! s'écria Belzoni en se levant avec une violence de mouvements qui faillit les faire chavirer dans les flots de l'air, malheureux! ce divorce que vous me refusez, je vais le prendre. Le tranchant de cette lame d'acier va nous lancer dans l'infini; nous allons nous élever vers des régions si hautes qu'il nous faudra cinq ans pour descendre. Au début de ce voyage, je vous précipiterai dans l'espace, comme Mentor fit de Télémaque, et nous restons seuls, madame et moi, dans le palais flottant, libre comme l'air, heureux de vivre sans témoins; ne recevant de lois que de nous-mêmes; affranchis du joug des despotes; mangeant des aigles et buvant la pluie à nos repas; humiliant la terre du haut de notre nacelle; narguant les cadis d'Egypte et les constables de Londres; fondant un monde nouveau, comme Adam et Ève, et élevant nos fils dans des idées de grandeur et de liberté que la boue de Londres ne leur donnerait pas! Un jour nous descendrons sur quelque zone hospitalière, au centre de l'Afrique, près d'un lac couronné d'ombrages; notre jeune famille, née au ciel, apportera à la terre des vertus qui lui manquent, et la ville que nous bâtirons, nous et nos enfants, sera une cité vierge et pure de tous les maux invétérés que vos habitants et citoyens d'Europe transmettent à leurs neveux de génération en génération. Voilà mon plan : méditez-en toute la profondeur, et, si vous n'êtes pas le dernier des hommes, vous lui donnerez toute votre adhésion, et vous vous précipiterez vous-même pour ne pas entraver mes nobles desseins, et vous dérober par la fuite au spectacle de notre bonheur.

— Monsieur Belzoni, dit Hogges tout ému de cette allocution, vous me demandez une chose au-dessus des forces humaines... Permettez-moi de vous rappeler à des idées d'honneur. Il y une fable qui dit : *Deux coqs vivaient...*

— Au diable vos fables! monsieur Hogges! Belzoni; je ne les aime pas. Les Anglais n'ont jamais au bec que des histoires de coqs. Nous sommes des hommes, vous et moi, et madame n'est pas une...

— Respectez madame, ou je saurai bien la faire respecter ici!

— Eh bien! je ne demande pas mieux, dit Belzoni, dont la douceur de caractère était épuisée; il faut que cela finisse, et le sort des armes en décidera. Choisissez vos témoins, l'heure et le lieu.

A ces mots madame Hogges, qui avait écouté cette fâcheuse irritation la tête voilée d'un nuage, sortit de son asile vaporeux, et poussant un cri lamentable, elle se précipita entre les combattants, comme Hersilie entre Tatius et Romulus dans le tableau de David.

— Qu'allez-vous faire, insensés! s'écria-t-elle; vous n'avez pas un mètre de terrain sous les pieds, à vous deux, et vous songez à vous ranger en bataille? Et moi, que deviendrai-je, dans ce pays de l'air que je ne connais pas? que deviendrai-je si vous tombez tous deux frappés de mort? Certainement la famine pourra m'obliger, malgré moi, à me nourrir de vos corps; mais, quand ces faibles provisions seront épuisées, à quelle auberge céleste dois-je m'adresser? Quel marché public m'est ouvert au milieu de ces nuages? Au nom du ciel, notre voisin, prenez pitié d'une pauvre femme isolée que votre fureur folle peut priver du même coup d'un amant et d'un mari.

Puis, se mettant aux genoux de M. Hogges, elle ajouta de sa voix la plus tendre et la plus douce :

— Hogges, m'aimes-tu toujours?

— Si je t'aime! répondit l'époux avec deux larmes que les nuages pompèrent subitement.

— M'aimes-tu comme dans cette douce lune de miel que nous avons passée à l'hôtel de *Star and Garter*, à Richemond, cette île de Cythère des nouveaux mariés du comté de Middlesex?

— Oui, mon adorable femme, je t'aime comme le jour où je traversai *Charing-Cross* pour t'épouser à Saint-Martin.

— Eh bien! prouve-moi une dernière fois ton amour.

— Parle, je t'obéis.

— Hogges, nous sommes dans une triste position...

— Parbleu! je le vois bien!

— Tu ne le vois pas assez, mon adoré Hogges. Nous sommes trois dans une nacelle à une place, et nous sommes beaucoup trop de trois. Un de nous doit être sacrifié au bonheur des deux autres, et c'est toi que j'ai choisi.

— Moi! s'écria Hogges; et il aurait volontiers reculé d'un pas s'il avait eu le terrain assez large derrière lui.

— Toi... poursuivit sa femme. M. Belzoni ne cédera pas : son amour a jeté de profondes racines, et il n'y renoncera pas pour t'obliger.

— Ah! mon Dieu! s'écria Hogges, quel étrange discours me faites vous ici, madame!

— Du calme, du sang-froid, Hogges. Tu le vois, je suis tranquille, moi, et je ne suis qu'une faible femme, isolée entre deux déserts. Tantôt M. Belzoni a eu la bonté de nous soumettre un plan admirable et beaucoup plus beau et plus sensé que celui de la découverte des sources du Nil, lequel probablement n'a point de sources. Le plan de M. Belzoni est providentiel; nous sommes probablement destinés, lui et moi, son indigne collaborateur, à fonder une colonie modèle dans le plus étrange des pays. Vouloir s'opposer à la réalisation d'un plan aussi beau, c'est vouloir élever un sacrilège obstacle aux destinées futures de l'humanité. Souviens-toi, Hogges, que tu présides, à Londres, le *Philantropic-Club*, et que ton devoir est de t'immoler pour nous deux en particulier, et pour l'univers en général.

— Oui, dit Hogges, je suis le président du Club philanthropique, mais je suis misanthrope comme tous les philanthropes de Londres. Vous savez cela aussi bien que moi, madame. Vous savez que notre institution charitable a pour but de soulager les maux des pauvres sauvages qui habitent le cap Horn et le Van-Diemen, et que nous faisons cent discours sur ces cannibales tous les mois; mais vous savez aussi que nous fermons les yeux sur quatre-vingt mille femmes de Londres qui se promènent de London-Bridge à Keensington-Garden, nuit et jour, sans souliers et sans vertu. Ainsi, point de mauvaise plaisanterie, madame Hogges; vous savez que je ne suis pas d'humeur à rendre service au genre humain.

— Tant pis pour vous, monseigneur, répondit sèchement la femme. Oui, je vous ai toujours connu égoïste sur la terre, et vous ne vous êtes pas corrigé dans le ciel.

— Mais enfin, s'écria Hogges, ce que vous me proposez est inadmissible!

— Inadmissible pour des poltrons! monsieur.

— Mettez-vous à ma place, madame.

— Monsieur, je reste où je suis.

— Quitteriez-vous votre position, madame, pour tenter une chute verticale de la hauteur du Mont-Blanc?

— Oui, monsieur.

— Eh bien! essayez; je vous la donne en trois.

— Ah! vous me raillez, monsieur. Est-ce ainsi que vous vous souvenez des préceptes de la galanterie française que vous avez apprise à *Grammar-School* de Birmingham? Où sommes-nous, grand Dieu! et dans quel monde vivons-nous! Un homme, un chevalier anglais, ose proposer à une femme d'arpenter le Mont-Blanc du haut en bas, comme une avalanche! Vous êtes un félon, monsieur.

— A la bonne heure! dit Hogges avec un effroi déguisé en calme.

— Vous allez donc essayer la chute? dit la femme en montrant l'abîme du bout du doigt.

— Allons! elle y tient, dit Hogges. Madame, si vous continuez à exercer contre moi cette tentative d'homicide avec précipitation, je vous traduirai devant les tribunaux.

— Traduisez, monsieur, vous êtes libre.

— Vous savez, madame, combien je déteste les querelles de ménage.

— Si vous les détestiez véritablement vous auriez déjà sauté par-dessus le bord de cette nacelle, et nous serions tranquilles en ce moment.

— Et je serais mort sur ce désert, là-bas, et sablé!

— Qu'importe, monsieur; si ce noble dévouement eût fait le bien général du peuple de cet aérostat?

— Mais je fais partie aussi de ce peuple, moi!

— Vous êtes la minorité, monsieur!

— Je suis le tiers de ce peuple.

— Oh! de grâce, épargnez-nous ces honteux calculs de statistique, monsieur! Le noble Curtius ne perdit pas autant de paroles oiseuses lorsqu'il se précipita dans un gouffre pour sauver le peuple romain.

— Bah! c'est une fable, Curtius!
— N'insultez pas les héros, poltron!
— J'aurais voulu le voir, ce Curtius, à ma place!
— A votre place il n'aurait fait qu'un saut à la première sommation, lui et son cheval.

Le silence régna quelques instants.

Si l'anarchie n'eût pas régné dans la petite colonie aérienne, composée d'un trio sans harmonie sociale, ce malheureux peuple aurait vraiment joui d'un spectacle superbe, car la lumière du jour, s'affaiblissant par degrés rapides, permettait de voir une succession de mirages perpétués à l'infini. L'œil d'un spectateur calme aurait suivi, dans son exhumation fantastique, une longue rue, faite de deux mille cités colossales, et dont le Nil était le ruisseau, depuis Éléphantine jusqu'à la province des roses, cette gracieuse et odorante Arsinoë, que nos barbares géographes modernes appellent platement *Fayoun!* Hérodote a vu cette merveilleuse rue, qui n'était autre chose que la vieille Égypte; elle est aujourd'hui hachée en morceaux sur les bords de son fleuve, toujours jeune; mais la magique vertu du mirage la recompose, de temps en temps, par des secrets de prisme inconnus aux physiciens; et, quand ce prodige s'opère, on croit même assister à la résurrection complète de cet empire, comme si les mille catacombes rendaient aux cités du Nil un monde de momies plus nombreuses que les grains de sable de Suez et d'Ophir. On voit les interminables processions d'Isis et d'Osiris, défilant, par l'avenue des sphinx, sous les colonnades du temple de Luxor; on suit du regard les flots vivants de la foule, sous les arceaux des cent portes de Thèbes; on admire les sacrifices d'Anubis, dans le sanctuaire d'or et d'azur du temple d'Hermès, et les pléiades d'astronomes descendant à la crypte de Tentyris. Mais le plus merveilleux de tous ces pompeux tableaux antiques, ainsi exhumés par la décomposition des rayons solaires, est celui que présente le labyrinthe du lac Mœris. Il est facile même de distinguer, aux limites de l'horizon, les deux pyramides de six cents pieds de hauteur, surmontées de deux statues de bronze doré, que le véridique Hérodote a vues, comme je vous vois, et qui furent englouties, d'après Strabon, dans les eaux profondes du lac.

Ces merveilles échappèrent à nos trois voyageurs, dont deux étaient des savants.

Hogges ressemblait à un aérolithe : il était pétrifié; il croyait tomber de la lune et s'arrêter à moitié chemin.

— Madame Hogges voit les choses de haut, dit Belzoni avec une dignité calme, et je donne toute mon approbation à ses paroles. La sagesse de son discours a donné une nouvelle violence à ma passion; je sens maintenant plus que jamais que rien ne pourra désunir nos deux cœurs; nous venons d'écrire notre pacte d'amour dans le ciel.

— Vraiment! dit Hogges d'une voix de statue amollie, je ne me suis jamais trouvé dans un pareil étonnement et dans un semblable embarras; je tombe des nues.

— Tombez! tombez! dit madame Hogges; suivez cette bonne inspiration et laissez-nous le champ libre. Nous vous promettons d'aller chaque jour pleurer sur votre tombe, si vous pouvez en trouver une là-bas avec la protection de Méhémet-Ali...

— Quelle perplexité! murmura Hogges.

— Allez donc! dit sa femme avec une voix persuasive, allez, mon cher Hogges; il n'y a que le premier pas qui coûte; vous verrez ensuite comme il est facile de continuer... Vous hésitez encore, époux imprudent! Voulez-vous que je vous écrase d'une dernière et victorieuse raison?... Eh bien! Hogges, la voici : as-tu oublié dans les airs, père ingrat, que tu as laissé au Caire deux petits enfants à l'auberge de Coulomb?

— Oh! non! je ne l'ai pas oublié, dit Hogges très-ému.

— Que vont-ils devenir, ces enfants? s'écria la femme.

— Si je meurs?...

— Non, si tu as la lâcheté de vivre. Oh! malheureux! ces pauvres enfants seront orphelins et s'engageront comme tambours dans l'armée du vice-roi. Monsieur Belzoni, jurez de les prendre sous votre protection.

— Je le jure! dit Belzoni.

— Eh bien! continua la femme, tu balances encore, après cet exemple de dévouement que M. Belzoni vient de te donner! Ne sais-tu pas qu'il y a dans l'histoire beaucoup de pères qui se sont sacrifiés pour leurs enfants : Brutus, Abraham, Icare, Ugolin! Ajoute un nom de plus à cette liste paternelle, et songe que du bas de ces profondeurs quarante siècles te contemplent! Allons, mon cher Hogges, un bon mouvement!

— Elle appelle cela un mouvement, murmura le malheureux époux avec mélancolie, un mouvement qui me procure une chute de deux mille toises!... Oh! si je pouvais, comme Ugolin, me sacrifier pour mes fils en les mangeant à mon dîner, et leur conserver ainsi les jours de leur père pour les sauver du malheur d'être orphelins!

Disant cela, il prit un de ses pieds avec ses mains et lui fit franchir le bord de la nacelle.

Madame Hogges battit des mains et s'écria :

— Enfin il s'est décidé! Mes pauvres enfants vivront et nous aussi!

Belzoni arrêta le second pied au moment où il se levait pour suivre l'autre.

— C'est bien, dit-il, je suis content de vous, monsieur Hogges; vous ferez moins que cela, puisque vous alliez faire davantage. Je me contente du divorce; signerez-vous?...

— Mais pourquoi, dit la femme, enlever à M. Hogges l'avantage de choisir lui-même son genre de dévouement ? On peut divorcer de toutes manières, et, si mon époux adoré penche pour une chute de deux mille toises de hauteur, cela tranche toute difficulté ultérieure, et assure beaucoup mieux l'avenir de notre colonie africaine et le bonheur de nos enfants.

— C'est juste, dit Belzoni, il ne faut pas disputer des goûts. M. Hogges est libre de choisir.

— J'aime mieux signer, dit Hogges avant réflexion.

— Réfléchissez mieux, dit la femme ; vous regretterez peut-être un jour, sur la terre, cette occasion aérienne de faire un autre divorce qui conciliait tous les intérêts domestiques et vous garantissait la tranquillité sans nuages de l'avenir.

— Non, dit Hogges, toute réflexion faite, je m'expose volontiers à ces regrets.

— Prenez garde, mon époux, prenez garde ; lorsque vous serez là-bas, témoin de notre bonheur, vous vous direz : Oh ! que ne suis-je encore là-haut, un pied hors la nacelle, et si bien placé pour me sacrifier au bonheur de mes fils !

— Eh bien ! je me résigne à faire cette exclamation. J'aime mieux signer.

— Imprudent ! murmura madame Hogges. Voyons, monsieur Belzoni, vous qui avez du bon sens, que feriez-vous à la place de mon mari ?

— Oh ! je me précipiterais sur-le-champ.

— Parce que vous m'aimez, vous, monsieur Belzoni ! mais lui... lui... cet ingrat, il ne m'a jamais aimée !...

— Enfin, dit Belzoni, il faut se contenter d'un divorce vulgaire : notre bonheur ne doit pas être exigeant...

Un nouvel incident puisé au fond même de la situation, vint distraire les voyageurs de la question du divorce. Les vivres étaient épuisés ; la faim criait et sonnait l'heure du dîner, depuis la veille, dans les entrailles des voyageurs. Hélas ! dit le poëte, la faim est une *mauvaise conseillère, malesuada fames !* Belzoni, qui mangeait comme un funambule, se plaignit tout à coup de son état, et murmura des menaces sourdes qui rappelaient le radeau du naufrage de *la Méduse*.

— Monsieur, dit-il à Hogges, la question du divorce devient secondaire ; il faut dîner avant tout. Notre séjour ici peut se prolonger, et il n'y a pas d'auberge dans le voisinage, ni de marché. Je suis le plus fort, vous êtes donc le plus faible, et, si cela dure un jour de plus, je suis obligé de devenir anthropophage dans l'intérêt de ma conservation. Il faut aussi que madame vive, et la loi vous ordonne de la nourrir. Demain, si nous ne sommes pas délivrés par un miracle, je suis obligé de sacrifier un voyageur pour donner à manger aux deux autres. Vous voyez, monsieur Hogges, que le divorce est inévitable dans les deux cas.

M. Hogges courba la tête comme un prisonnier sauvage dans l'île de Robinson.

Un lion passait en ce moment sur la terre, et son rugissement suspendit cet entretien. Le télescope fut braqué sur le dernier débris du dromadaire.

Tarde venientibus ossa ! telle fut la réflexion que parut faire ce roi des animaux devant le dernier fragment du squelette. Il y avait pourtant encore un morceau assez délicat : c'était la ceinture de cuir de bœuf à laquelle était attaché le crochet de fer. La Fontaine a dit : « *Les loups mangent gloutonnement.* » Qu'aurait-il dit des lions ? Celui-ci, alléché par l'odeur, se précipita sur la ceinture de cuir de bœuf et l'avala gloutonnement. Une vive secousse ébranla l'aérostat. L'animal avait englouti dans sa poitrine le crochet de fer, et ses bonds furieux attestaient des douleurs au-dessus des forces léonines. Le ballon, depuis si longtemps stationnaire, s'agitait convulsivement, mais sans direction fixe. Il flottait au hasard, selon le caprice de son conducteur étranglé.

— Signez ce papier, dit Belzoni à Hogges, et je vous sauve...

— Signe donc, dit l'épouse ; c'est un cas forcé.

Hogges poussa un soupir et signa.

Belzoni prit la corde et la secoua fortement, comme un pêcheur qui sent que le poisson a mordu sur l'appât. Le lion poussait des rugissements d'agonie et se débattait avec les derniers efforts de sa vigueur. Un râle suprême retentit dans la solitude, et le monstre retomba de tout son poids de cadavre sur le sable, en communiquant au ballon un mouvement de descente très vif.

— Et maintenant, dit Belzoni, aidez-moi tous deux ; nos six mains à la corde, et de l'ensemble surtout.

L'espoir du salut doubla les forces des voyageurs. Belzoni, vigoureux comme un funambule, et habitué aux manœuvres de chanvre roulé, tenait la place de deux chevaux remorqueurs. Le lion s'élevait majestueusement à chaque effort des six mains unies, et, quand il fut arrivé à fleur de nacelle, Belzoni lui coupa les quatre pattes et quelques filets succulents ; puis, abandonnant le reste aux vautours, il dit à M. Hogges :

— Le vent souffle vers Éléphantine ; nous allons dîner avec notre pêche, et nous coucherons ce soir sous les huttes d'Assouan.

Le ballon, qui n'était plus captif, fendit l'air avec la rapidité d'une flèche, pendant que les trois convives s'occupaient en famille des apprêts de leur festin. Belzoni, qui était le plus vigoureux, abusa encore de sa force et se fit la part du lion ; mais il eut la galanterie de servir à madame Hogges les morceaux les plus délicats.

Comme Belzoni l'avait prévu, l'aérostat descendit

dans l'oasis de Syène ou Assouan, un peu avant le coucher du soleil. Ils étaient en pays habité.

— Monsieur Hogges, dit Belzoni en lui tendant la main, je déchire le papier signé là-haut et je vous rends votre femme !

Madame Hogges fit un léger mouvement de dépit.

— C'était une plaisanterie, excusez-moi, poursuivit Belzoni ; je m'ennuyais là-haut, et j'ai voulu inventer quelque jeu pour tuer le temps. Après l'écarté, nous avons joué au divorce. Reprenez votre femme, comme fiche de consolation.

Le lendemain ils s'embarquèrent sur le Nil et dormirent jusqu'aux pyramides de Giseh.

Une longue agitation régna dans le salon de M. Belliol après cette nouvelle. Les jeunes conspirateurs profitèrent de ce désordre pour choisir leurs amours et organiser des contredanses à la faveur de la gaîté générale. M. Belliol rayonnait et serrait les mains de Félix avec une joie muette, mais éloquemment expansive. Le piano murmura des préfaces de polka.

Félix réclama un instant le silence, et, d'une voix grave, il dit :

— Messieurs, à la première réunion, mon ami Arthur Grémiiny aura l'honneur de vous lire une nouvelle romaine intitulée *le Gladiateur*. Cette nouvelle est dédiée à M. Bonchatain.

Trente petites mains applaudirent, et M. Bonchatain s'inclina comme un pontife devant la statue d'un dieu nouvellement inventé.

IX

A LA CAMPAGNE

On avait dansé jusqu'à trois heures du matin chez M. Belliol, et les dix jeunes associés de Félix et d'Arthur étaient déjà passablement avancés dans leurs choix et leurs affaires. Les diverses familles, enchantées de Félix et d'Arthur, n'étaient pas éloignées d'avoir de l'affection pour leurs amis. Tout marchait assez bien ; on pouvait se passer du Louvre : le temps, la conduite et les bonnes intentions devaient arranger le reste. M. Belliol avait répété à l'infini, en prenant congé des invités : Tous ces messieurs sont charmants, et les échos redisaient cet éloge sur l'escalier.

Arthur avait appris, entre deux contredanses, que M. Bonchatain passerait la moitié du dimanche suivant à sa maison de campagne d'Asnières. A la sortie du bal il paya au sommeil un à-compte de deux heures, s'habilla et vint s'installer en observation sur le pont des Arts. Ce jour-là M. Bonchatain ne vit pas lever l'aurore aux doigts de roses ; il se laissa bercer dans les bras de Morphée jusqu'à la dixième heure du jour. Arthur attendit longtemps le bruit aigre de la première fenêtre ouverte sur la façade de la maison païenne. Enfin le visage encore endormi de la nourrice de Psyché annonça, au murmure des persiennes du balcon, que la jeune fille quittait sa couche d'ivoire, et que les messagers du sommeil, reprenant leurs couronnes de pavots, s'envolaient vers les monts Cimmériens.

Arthur courut à la rue Saint-Lazare, cueillit un déjeuner au café du Chemin de Fer, traversa au vol l'escalier de l'embarcadère, et prit au bureau des billets de diligence, de wagon et de coupé, pour Asnières et Saint-Germain. Prêt à toutes les chances, il choisit un poste favorable d'observation, et se replongea dans les ineffables douceurs d'une amoureuse attente.

Le cadran du palais du chemin de fer marquait onze heures et vingt minutes, et la foule parisienne, qui adore les dimanches et les embarcadères, *inondait les portiques*, comme dit un vers tragique assez plaisant.

L'œil infaillible d'Arthur voyait à la fois, et en détail, ce monde de familles joyeuses que le cheval de fer enflammé allait déposer, par échelons, sur les pelouses d'Asnières, de Colombes, de Nanterre, de Chatou et du Pecq. Au bas de l'escalier, un fiacre modeste, et dont le numéro n'annonçait pas le millionnaire, s'arrêta. Une main blanche, voilée à demi par une mitaine noire, jouait avec la frange de la portière. Il y a beaucoup de mains dans Paris : Arthur reconnut celle-là.

C'était bien la jeune déesse attendue : pour se faire mortelle et n'humilier personne elle avait une robe blanche et bourgeoise, ennoblie par la grâce du corps, un mantelet de dentelle noire, et un chapeau de paille à jour, selon la mode que madame Hocquet venait d'inventer la veille pour le charme des yeux. La mode qui décréta la majestueuse redingote brune de M. Bonchatain, et les autres parties de son costume dominical, était plus ancienne ; elle remontait au règne mythologique de Barras Ier et heureusement dernier, alors que les dames allaient au bal déguisées en Aspasies, cherchant des Périclès disparus.

Le pieux Bonchatain, tenant sa fille par le doigt annulaire, était tout joyeux de monter un escalier monumental, au milieu d'un grand concours de peuple. Il ressemblait, se disait-il à lui-même, au vieil éphore Brontès, le Rhodien, conduisant la douce Thaïs, unique fruit de son hyménée, au temple de Gnide, lorsque la superbe Lacédémone envoyait cinquante filles à l'autel de Vénus pour disputer le prix de la beauté.

Malheureusement pour Bonchatain, il y avait à la dernière marche de cet escalier un bureau de chemin

de fer. Il prit dans sa bourse un écu de cinq francs à l'effigie d'un roi qui n'était pas Philippe de Macédoine, et dit en vil jargon cette phrase si bourgeoise :
— Deux billets pour Asnières.

Arthur, éclipsé par d'épais groupes, ne fut pas aperçu. Il garda son incógnito cinq minutes ; quand la grande porte vitrée de la salle d'attente s'ouvrit, il laissa passer la foule, se mêla dans les rangs comme un roi de cœur dans un jeu de cartes, et, à la faveur du chaos, il vit, sans être vu, la diligence où se plaçait M. Bonchatain ; ensuite il laissa écouler une minute, qui est un quart d'heure en style de chemin de fer, et se fit ouvrir par un garçon de service la même portière. Absorbé comme il feignait d'être par la lecture d'un journal, Arthur se laissa reconnaître par le candide M. Bonchatain, et fit un *ah!* de surprise très-bien noté. Mademoiselle Eugénie, en répondant par un salut imperceptible au salut respectueux d'Arthur, profita de l'arrivée d'un convoi pour encadrer à la portière son visage coloré d'une virginale émotion.

Le coup de sifflet de départ retentit, et la longue rue à roulettes s'élança sur les ornières de fer.

— Je remercie sincèrement le hasard, dit Arthur, qui me donne le plaisir de vous voir deux fois en vingt-quatre heures. On ne voit de ces rencontres qu'en chemin de fer. Il y a toute une ville en voyage le dimanche matin.

— Vous allez cueillir le jour sous les ombrages d'Asnières ? demanda Bonchatain ; *carpere diem*, comme dit Horace.

— Non, monsieur, dit Arthur avec légèreté ; je suis obligé de m'arrêter un instant à la station d'Asnières pour remplir une commission d'ami ; mais je vais à Saint-Germain pour soumettre à Alexandre Dumas ma nouvelle du *Gladiateur* et lui demander quelques conseils.

— C'est bien, jeune homme ; vous allez à un maître qui a la connaissance des choses de l'antiquité.

— Mademoiselle Eugénie est-elle remise de la fatigue du bal ?

— Oui, monsieur, répondit la jeune fille avec une voix d'ombre.

— Les salons de M. Belliol sont très-beaux, dit Arthur, mais on y étouffe. L'été n'est pas la saison des bals de ville, surtout lorsqu'on danse à la rue Saint-Denis, rue échauffée par soixante mille poumons de travailleurs, qui font concurrence au soleil. Mon ami Félix a été aussi très-fatigué par ses deux lectures. Ce sont les amusements de l'hiver ; mais l'été demande la fraîche liberté des heures du soir.

— La sagesse est sur vos lèvres, dit Bonchatain ; lorsque l'été torride oblige les pasteurs à défendre leurs troupeaux contre le solstice, comme dit Virgile, il faut au sage, non les poutres de cèdre et d'or, ni la riche laine tissue à Tyr, ni les sièges revêtus de pourpre, mais les vallées humides, le doux sommeil sous l'arbre, les plaintes de Philomèle aux cimes du peuplier, les danses légères qui ramènent le chœur sacré, quand la chaste Diane envoie ses sourires à Endymion. Oh ! jeune homme, s'il est dans vos vœux de visiter mes pénates d'argile, nos lares rustiques seront joyeux de vous voir. J'ai dans mes étables le lait pur des génisses qui paissaient au bord de ce fleuve, loin des loups ravisseurs ; j'ai des fruits doux, cueillis dans mes vergers ; ils sont dignes d'être offerts à Pomone, car nulle main profane n'a flétri leur duvet virginal...

Mademoiselle Bonchatain, tout à fait remise de sa première émotion, laissa échapper un éclat de rire d'or qui arrêta la phrase du païen.

— Voilà une jolie invitation, mon père ! dit-elle en l'embrassant ; des fruits et du lait à de jeunes gens ! Heureusement, les repas que vous donnez à vos convives valent mieux que ceux que vous promettez.

— Ainsi doit parler le sage, ma chère fille, dit Bonchatain ; la bouche qui promet doit être avare et la main qui donne doit être prodigue. C'était la maxime des Pisons, lorsqu'ils conviaient les poètes de Tibur à l'hospitalité d'or de leur villa suburbaine, où les esclaves offraient le dos succulent des victimes et les amphores scellées sous le cinquième consulat de Marius.

— Au reste, monsieur Bonchatain, dit Arthur, l'honneur d'être reçu par vous sera pour moi la plus riche et la plus précieuse hospitalité... Il nous reste à choisir le jour de la lecture de mon *Gladiateur*, qui vous est dédié...

— Mon ostiaire, comme celui du temple de Janus en temps de paix, fermera la porte de mes dieux, le jour de Jupiter prochain. Vous hâterez donc vos pas, vous et vos amis ; et, quand la lune se lèvera sur le Soracte, nous ferons notre première libation à la triple Hécate qui donne les songes de la corne d'ivoire, et à l'Érèbe qui porte un manteau étoilé.

Arthur s'inclina, et mademoiselle Eugénie ouvrit son éventail espagnol devant ses lèvres de cerise pour ensevelir un sourire mystérieux.

— Voilà le plus grand inconvénient des chemins de fer, dit Arthur pour attirer l'attention de l'autre côté de l'éventail ; lorsqu'on se livre à un entretien plein de charmes, on est forcé de l'interrompre : on part et on arrive en même temps. Je regrette aujourd'hui la diligence paresseuse ; avec elle on partait et on n'arrivait pas.

— Mon fils, dit Bonchatain, heureux l'âge antique où le laboureur naïf prenait la rame d'une barque pour le van de la blonde Cérès ! Depuis ce temps, l'homme n'a cessé de donner son esprit aux entreprises folles. Hélas ! l'homme marche à son destin, oublieux de la Parque, de la vertu, de l'antique foi, *prisca fides*. Voyez comme ces voitures sont tristes, et comme nous sommes insensés de nous laisser conduire par l'indomptable et l'inconnu! Comparez la morne tristesse de ces convois, si bien nommés, aux joyeux concours des litières innocentes qui allaient de Rome à Brindes ou aux blancs rochers d'Anxur, lorsque Sylla revenait d'Orchomènes, ou lorsque la trirème de l'Adriatique apportait à Rome les cendres de Germanicus. Les choses étant ainsi, un père de famille, conseillé par Minerve, ne doit pas livrer sa fille aux périls d'un monde ivre de folies. Mon enfant Psyché, délices de mes yeux, vieillira, j'en atteste les immortels, à l'ombre du laurier domestique; et jamais l'étranger ne la conduira, au son de la tibicine, chez le Samnite qui se joue de l'Hymen, ou dans les gynécées de la Perse ou du Pont...

— Vraiment! interrompit avec étourderie Arthur, vous ne consentirez jamais à marier mademoiselle Eugénie, monsieur Bonchatain!

— Jamais, ô jeune homme, jamais! quand même les princes d'Ophir et de Thulé viendraient, avec des présents d'encens et d'or, solliciter le vieillard. Moi, livrer ma Psyché au joug d'un maître contempteur de la vertu! jamais! L'épithalame de *Manlius et Junie* doit être l'éternelle leçon des pères. *Que ferait de plus un ennemi*, dit le poëte, *dans une ville prise d'assaut?*

Une de ces voix, comme des employés quelconques en possèdent seuls, cria ce mot : Asnières! et le convoi s'arrêta. On apercevait un joli village, plus élégant que le nom; à droite, le hangard de la station, suspendu sur l'ancienne route; de petites maisons neuves et blanches; des jardins pleins d'ombre et de fleurs, et de profonds massifs d'arbres, hérissés de flèches de peupliers, sur les bords de la Seine.

— Mon fils, dit Bonchatain, une main à la portière ouverte, l'autre tendue vers la campagne, quand vous ferez votre visite au vieillard, voici votre chemin. Il n'y a pas ici de colonne milliaire, guidant le voyageur, comme sur les voies Appienne et Flaminienne. Cette forêt sacrée qui borde le fleuve est mienne; elle voile ma paisible villa. Les divinités qui président aux jardins vous conduiront devant mon dieu Therme; et Pan, l'inventeur de la flûte aux sept tuyaux, ne vous égarera pas, car vous êtes pieux.

— Mais descendez donc, monsieur! cria la même voix d'employé.

La figure sérieuse de mademoiselle Eugénie réservait un sourire pour le moment de l'adieu : c'était un rayon d'espoir, qu'Arthur recueillit comme un trésor.

— Vous ne descendez pas à Asnières, vous, monsieur? dit l'employé à Arthur.

— Non, dit Arthur d'une voix enrouée.

— Et où allez-vous?

— Où vous voudrez ; voilà six billets.

La portière se referma brusquement, et le convoi prit un galop modéré.

A la station de Nanterre, notre jeune avocat mit pied à terre, et, quand il se vit seul, il descendit à droite, du côté des petits sentiers qui rayonnent sur la campagne. Son plan n'était pas bien arrêté ; il ne savait pas ce qu'il allait faire; il marchait à travers des jardins, non pas toutefois au hasard, mais l'œil fixé sur une étoile polaire, déguisée en peuplier, qu'il avait remarquée à l'horizon des arbres de la villa païenne.

Un jeune paysan de son âge, proprement endimanché, suivait le même petit chemin.

— Mon petit ami, lui dit-il, tu as un chapeau blanc à larges ailes, une blouse de coutil, un pantalon nankin et une cravate bleue, que je t'achèterai bien cinq louis d'or, en te donnant mes habits par-dessus le marché. Cette affaire te convient-elle, mon ami?

Le villageois recula de peur d'abord ; mais, rassuré par le geste bienveillant, la physionomie ouverte d'Arthur, et les cinq pièces d'or alignées sur un gant jaune, il se mit naïvement à sourire et accepta le marché, tout en gardant sa méfiance agreste jusqu'à la fin.

Une alcôve d'arbres touffus protégea ce changement de décor.

Arthur prit une tournure et une démarche de vaudeville campagnard, et arriva bientôt à la limite gardée par un dieu Therme. C'était un signe de reconnaissance infaillible. Monsieur Bonchatain seul pouvait indiquer ainsi la frontière de ses jardins. L'aventureux jeune homme marchait avec précaution sur les terres du païen, et l'épaisseur du feuillage le favorisait. Il visita d'abord un petit temple dédié à Jupiter tonnant. Un pin énorme le couvrait de ses branches : *Pinus sacra Jovi*. Sur le piédestal du dieu on lisait cette inscription de bon augure : *Al tempio tonante venere ancor sospira*. Cette pensée, exprimée dans un italien doux à l'oreille comme le murmure du satin d'une robe, infusa le courage d'Arthur. Il visita les rotondes de Cérès, de Flore, de Vesta, d'Hygie, et un dernier rideau de verdure le séparait des murailles de la villa. Le silence religieux du parc et de la maison n'était troublé que par le murmure caressant de la Seine sur les berges de gazon et d'iris.

— Probablement, et selon son usage antique, M. Bonchatain s'est endormi en arrivant, se disait Arthur.

Il y a auprès de la maison une grotte de coquillages dédiée aux Grâces décentes, et toute tapissée d'*hibiscus* et d'*yucca gloriosa*. Ce poste d'observation parut favorable, et Arthur, se voilant la tête et le torse de feuillages souples, comme le dieu Scamandre, attendit, sur un banc de graminées, ce que lui enverrait le hasard.

La terrasse, exposée au midi, était si lumineuse sur ses dalles de marbre, que le moindre insecte y laissait une ombre distincte en volant. Du fond de sa

4

grotte, Arthur tenait ses regards fixés sur ce point éclatant, comme sur un miroir qui devait refléter les objets invisibles. Après l'entretien que nous avons eu sur le chemin de fer, se disait mentalement Arthur, après les dernières et désolantes paroles de son père, Eugénie doit éprouver cette inquiétude et cet ennui qui excitent une jeune fille à chercher la solitude et le recueillement. Si, à cette heure, mademoiselle Bonchatain s'occupe de soins vulgaires et domestiques avec l'insouciance d'une vieille femme ou d'un enfant, tout mon avenir est détruit.

Pensant cela, il entendit le bruit clair que fait une porte battante vivement rejetée sur un mur de façade. Une ombre lente se dessina sur le marbre de la terrasse, et comme le soleil était encore fort élevé sur l'horizon, le corps ne tarda pas de paraître après son ombre. Arthur frissonna sous son masque de feuillages, et pria le zéphyr d'arriver pour mettre sur son compte l'agitation de ses vêtements verts.

Mademoiselle Eugénie marchait tête basse, le bras gauche arrondi sur le sein et soutenant le droit, qui soutenait le menton. Elle lutinait, du bout du pied, les hautes herbes qui poussaient à travers les dalles fendues, et fredonnait à son insu l'*Usato ardir, il mie valor dove!* Parfois, elle s'arrêtait avec la nonchalance d'une odalisque, et donnait des regards pleins de tristesse à la nature joyeuse, dont la gaieté ressemblait à de l'ironie; ses lèvres, imperceptiblement remuées, rendaient alors quelques phrases sourdes que l'oreille la plus subtile n'aurait pu recueillir.

Elle doubla l'angle de la maison, et marcha, les yeux fixes et d'un pas de somnambule, vers la grotte des Grâces. Elle s'arrêta une seconde fois, à cinq pas d'Arthur, et écouta, dans une rêverie mélancolique, le bruit de la source invisible qui suintait à travers le velours des gazons. Puis elle regarda la voûte sombre des arbres, et, dénouant son large chapeau de paille aux ailes flottantes, elle le suspendit, par le ruban, aux branches d'un chêne nain, et s'enfonça dans les allées ténébreuses où se cachent les temples des dieux.

Arthur avait naturellement interprété en sa faveur tout ce qu'il venait de voir, et plusieurs fois, emporté par la vivacité de son âge, il aurait voulu se jeter aux pieds d'Eugénie, et se faire écraser par un regard de colère ou revivre par un sourire de pardon; mais le cœur lui défaillit, et son pied refusa toujours de suivre son idée.

Quand il présuma que la jeune fille était à une distance raisonnable, il secoua son enveloppe de feuillage, sortit de la grotte, et à travers la transparence des rideaux d'arbres il aperçut une robe blanche dans les massifs les plus éloignés. Alors, content de ce qu'il avait vu, il prit son crayon, et écrivit sur le verso du chapeau de paille, au côté qui se penche sur les yeux, cette citation de circonstance.

Quid facient hostes captâ crudelius urbe?

Cela fait, notre jeune avocat sortit du parc, et, franchissant au vol quelques haies de jardins, il se rendit à la station d'Asnières pour attendre le convoi de Saint-Germain à Paris.

Les lettres écrites au crayon sur le chapeau avaient un relief de belle dimension; aussi mademoiselle Eugénie, à son retour devant la grotte, les aperçut au premier coup d'œil et recula effrayée, comme Eurydice devant le serpent. Puis une idée subite la rassura; elle pensa que son père, qui avait la manie des citations latines et qui en écrivait partout, même sur la paille à défaut de papyrus, était l'auteur de ce manuscrit au crayon. Hors de cette supposition, il n'y avait rien d'admissible. Cependant il fallait s'éclaircir sur-le-champ.

M. Bonchatain fut réveillé en sursaut par une jolie main et un baiser.

— Ecoutez, mon père, dit Eugénie avec cette mignardise charmante qui apaise l'homme troublé dans son sommeil, où avez-vous écrit ce vers que je vais dire et que je sais par cœur : *Quid, etc.?*

— Je ne l'ai jamais écrit de ma vie, ma fille; mais je l'ai cité ce matin.

— Sur un chapeau de paille, n'est-ce pas?

— Non, sur le chemin de fer.

— Mon père, dit Eugénie en souriant, je crois que vous dormez encore... Ecoutez-moi bien. Avez-vous écrit ce vers au crayon ce matin?

— Non, ma fille; je l'ai traduit en français ce matin à M. Arthur Greminy, dans notre litière de la *via ferrea*.

— Et que signifie ce vers, mon père?

— Il signifie que le père qui livre sa fille à l'étranger est plus cruel qu'un soldat vainqueur dans une ville prise d'assaut. Ainsi, sois bien tranquille, ma chère enfant, tu ne me quitteras jamais.

— Vous n'avez donc rien écrit là, sur ce chapeau? dit Eugénie avec une émotion extraordinaire.

— Je le jure trois et quatre fois; rien, rien, ma fille.

— Alors c'est lui! c'est Arthur... se dit mentalement Eugénie; et elle se retira dans le coin le plus reculé de sa maison pour réfléchir.

X

A LA VILLA DE L'ANTIQUAIRE

Le jeudi suivant, les *diligences* qui s'arrêtent à la station d'Asnières avaient épuisé les billets au bureau du chemin de fer. M. Bonchatin, conseillé par sa fille, n'avait pas voulu rester au-dessous de M. Belliol, et, avant le coucher du soleil, les invités, au grand complet, circulaient déjà dans l'*impluvium* et le bois sacré de la villa païenne. Il était aisé de voir que bien des amours étaient en voie de progrès, et que nos douze conspirateurs n'avaient perdu ni leurs contredanses, ni leurs promenades, ni leurs temps.

— Mes amis, disait Arthur, je vous recommande surtout d'étudier les pères de celles que vous aimez; faites la cour aux pères, et vous épouserez les filles; résignez-vous à de longs entretiens avec les auteurs bourgeois de toutes ces œuvres divines; mettez-vous au courant de leurs goûts, de leurs fantaisies, de leurs petites passions, et exploitez honnêtement ces caractères, quand ils vous seront bien connus; notre but est honorable et légitime, cela suffit. Qu'importent les moyens? Nous voulons inventer un troisième état de jeunes gens, et faire, pour l'exemple, un faisceau de vingt-quatre heureux.

En arrivant à la villa de l'antiquaire, Arthur avait provoqué un entretien fort court, mais significatif, avec mademoiselle Eugénie Bonchatain. Les plus jeunes femmes sont merveilleuses dans ces occasions qui font trembler un homme.

— Mon père, dit Eugénie en rendant à Arthur le salut d'arrivée, mon père a remercié le hasard qui nous a fait rencontrer, dimanche, au chemin de fer.

— Oui, mademoiselle, dit Arthur en demandant à ses pieds un peu d'assurance pour sa tête, le hasard amène de singulières rencontres. Aussi l'a-t-on nommé le hasard.

— Il a fait bien d'autres miracles, le hasard, ce jour-là, dit avec un sourire espiègle la jeune fille; il a traduit, à la même heure et en latin, une phrase de mon père.

— Vraiment! dit Arthur, en écrivant le vers du bout de sa canne sur le sable de l'allée. Le hasard a encore fait cela, il est capable de tout... et cela, sans doute, vous a donné de l'inquiétude, mademoiselle?

— De l'inquiétude, non, mais de l'étonnement. Et, faisant une menace amicale avec sa petite main, elle ajouta :

— Une autre fois nous ferons bonne garde, monsieur.

Et la jeune demoiselle courut rejoindre ses amies sur la terrasse de la villa.

Arthur prit Félix par le bras, et, l'entraînant sous les arbres du parc :

— Eh bien! lui dit-il, tout marche à merveille. Mon équipée hardie de dimanche a réussi. Eugénie ne s'est pas formalisée. C'est que nos affaires étaient furieusement compromises si elle eût déchiré mon manuscrit du *chapeau de paille*. Maintenant notre terrain est bon et sûr. En avant!... A propos, Félix, voici le cri de l'esclave derrière le char de triomphe; écoute : j'ai trouvé ce matin une lettre de mon père...

— Et moi aussi, Arthur.

— Il a reçu la pendule de 85 francs; mais il est étonné de ne m'avoir pas reçu, moi, par la même occasion. Je lui ai répondu que je ne voyageais pas en roulage, comme les pendules. Il m'appelle à grands cris ; M. Estève l'avoué m'attend ; mon fauteuil de cuir est déjà placé devant mon bureau...

— Pauvre fauteuil, dit Félix.

Un bruit de crécelle, car il n'y avait pas de cloche chez M. Bonchatain, se fit entendre dans la cour sonore de l'impluvium, et tous les invités coururent à cet appel. L'antiquaire, revêtu du *laticlave*, et le front couvert du *pileus*, ouvrit les deux battants de son salon, invita du geste à s'asseoir, et dit :

— Soyez les bien-venus dans mes domaines. Je voudrais, en commençant cette fête, vous donner les chœurs du *Carmen seculare* ou le *Pervigilium Veneris*, mais les barbares ont tout détruit...

Puis, s'adressant à Arthur, il dit :

— Jeune homme, déroulez votre papyrus.

Et Arthur lut ce qui suit :

XI

LE GLADIATEUR

On n'avait jamais vu pareil concours de peuples et de barbares dans la région de la ville située entre le Palatin, la porte Capène et le camp des Prétoriens. Sur la voie Appia, on aurait dit que chaque tombeau avait rendu ses familles au domaine des vivants, car les tourbillons de parfums qui s'élèvent nuit et jour de cette immense voie tumulaire ne montaient plus aux nues. Les esclaves chargés du soin pieux de verser les aromates aux tisons des urnes funèbres avaient abandonné les cimes des sépulcres pour prendre part, eux aussi, à la fête que donnait le divin Domitien, empereur et souverain pontife, en l'honneur de Scaurus, son affranchi. Le Forum, depuis la *borne suante* jusqu'au *tabullarium*, n'avait pas assez de colonnades pour abriter des ardeurs du soleil les barbares des Marais-Méotides, de la Scythie et de l'Euxin. Devant la prison Mammertine, les marchands de Mitylène, de Corinthe et des îles de la mer Égée, avaient ouvert un vaste marché d'esclaves, et les beaux chevaliers du portique d'Octavie disputaient une jeune fille grecque, qui pleurait le rivage de son doux pays, à des acheteurs vulgaires venus des ports de Brindes et d'Anxur.

Autour de l'arc de Titus la foule était plus grande

encore et plus tumultueuse ; on aurait cru entendre les mugissements de Carybde et Scylla. L'amphithéâtre regorgeait de spectateurs, et ceux qui n'avaient point de place attendaient leur tour d'entrée devant les bateleurs de Parthénope, les joueurs d'osselets et les bouffons.

Le proconsul d'Afrique avait envoyé des trirèmes pleines de bêtes fauves ; jamais les souterrains de l'amphithéâtre n'avaient été ébranlés par de tels rugissements, et les spectateurs, vêtus de couleurs brunes, entassés aux galeries supérieures, répondaient par une tempête circulaire de cris rauques, de sorte qu'on n'aurait pu dire si les lions et les panthères peuplaient les loges élevées, ou si les hommes mugissaient à la grille des souterrains. Dans le voisinage du *podium* les jeunes Romains et les courtisanes grecques faisaient ondoyer leurs chevelures, et s'inondaient de parfums d'Asie, en étalant les sardoines splendides qui chargeaient leurs doigts aux ongles rougis.

Une acclamation immense salua l'entrée du divin empereur, et cent mille têtes se découvrirent ; les fanfares des tibicines éclatèrent ; la rosée d'eau de safran tomba des corniches ; on couronna d'ache, de myrte et de lauriers les statues des dieux, et le grand-prêtre des Corybantes, élevant la coupe de Jupiter Capitolin, fit des libations aux Euménides, couchées au vestibule du Tartare sur des lits de fer.

Les gladiateurs, voués à la mort, conduisirent sur l'arène une légion de chrétiens, qui, la veille, avaient troublé le sacrifice dans le temple de la Fortune virile, et que les licteurs venaient de surprendre en prières entre les catacombes et la pyramide de Caïus Sextius. Ces hommes étaient calmes et le sourire régnait sur leurs lèvres. Les gladiateurs tremblaient.

Un signal partit de la loge de l'empereur, et le belluaire ouvrit les grilles des bêtes fauves... Les quatre portiques aériens du Colisée tremblèrent sur leurs bases éternelles ; l'écho des vomitoires rendit un ouragan de voix terribles, comme la caverne du Ténare lorsque Thésée s'échappa vivant, après avoir déshonoré le dieu des enfers. Des bruits de pieds monstrueux retentirent ; un torrent de lions et de panthères roula sur l'arène de l'amphithéâtre, aux applaudissements de la multitude. Les chrétiens entonnèrent leur hymne et ne l'achevèrent pas : une mare de sang désigna bientôt la place où ils avaient chanté.

Les gladiateurs, armés de l'épée espagnole ou gauloise, engagèrent une lutte formidable avec les monstres. Les uns adossés aux soubassements de marbre, sous les grilles mobiles du *podium*, s'étaient mis en phalange étroite, et, dans un raccourci de corps insaisissable, ils se couvraient de la pointe de leurs épées horizontales, et s'allongeaient avec une vivacité merveilleuse, pour plonger la mort dans les gueules béantes de leurs fauves ennemis. Les autres, agiles comme le vent, s'élançaient, le péril venu, aux rostres des colonnes votives, aux angles du piédestal des dieux, aux arêtes des obélisques, et de là ils tombaient comme la foudre, avec des coups mortels, sur les monstres de Barca. Quelques-uns, résignés stoïciens, dégoûtés d'une vie qu'il fallait défendre à ce prix, jetaient leurs armes et croisaient les bras ; et l'animal, soupçonnant un piége inconnu dans cette tranquillité sans lutte, reculait quelquefois, et se précipitait dans la mêlée où s'égorgeaient les combattants. Le peuple des hautes galeries déchaînait un ouragan de sifflets injurieux contre ces lâches, et une frange circulaire de doigts menaçants, signe fatal, demandait leur mort aux licteurs.

Tout à coup un éléphant, haut comme une montagne, parut dans une éclaircie de poussière que le sang n'avait pas encore arrosée ; ses quatre pieds résonnaient comme les marteaux des forges de Lemnos et demandaient à broyer de la chair ; ses dents, d'une longueur démesurée, se recourbaient comme deux épées gauloises et s'agitaient de colère sur leurs racines de granit ; sa trompe, levée comme la massue d'Alcide, mugissait comme l'Etna, avec une sourde menace de mort. Les gladiateurs saluèrent par des cris de joie ce puissant auxiliaire qui prenait place dans leurs rangs comme une citadelle vivante, et lançait du bout de sa trompe, à l'autre horizon de l'arène, les bêtes féroces, accourues follement vers lui. Il y avait surtout un jeune gladiateur grec, que le hasard d'une sédition en Thessalie fit esclave, et qui excitait en ce moment un grand intérêt parmi le peuple des quatre portiques. Son nom était Damias. Beau comme le fils de Cinyre, rusé comme Sinon, agile comme le fils de Thétis, le jeune Damias, au centre de ce cratère où bouillonnaient le sang, l'écume, la sueur, sur des monceaux d'entrailles fumantes, combattait en désespéré, avec un courage toujours heureux. Cependant ses forces s'épuisaient, et, dans une crise où il avait besoin de toute sa vigueur, attaqué en face par un lion énorme, il glissa sur des ossements humectés de sang, et les griffes du monstre s'allongeaient déjà sur sa poitrine... Le peuple romain, dans ses plus grandes orgies de volupté sanglante, veut montrer par intervalles qu'il sacrifie aussi à la Pitié, cette douce fille de Jupiter. A la vue de Damias en péril de mort, hommes et femmes se levèrent comme pour épouvanter le lion par une clameur de cent mille cris. On eût dit que l'éléphant comprenait la voix du peuple ; du bout de sa trompe il ramassa Damias comme un brin de paille, et, le posant sur sa cime, il éventra le lion avec ses deux dents. Un tonnerre d'applaudissements ébranla l'amphithéâtre, depuis la loge des sénateurs jusqu'au voile de pourpre tendu aux mâts des corniches, et toutes les poitrines criaient : La vie à Damias ! la vie à Damias ! Vive le divin empereur !

L'éléphant recula lentement, les dents toujours tendues vers les ennemis, jusqu'à la loge basse voisine du *proscenium*, et, reprenant Damias, il le lança sur un lit de coussins de pourpre qu'on venait d'amonceler pour le recevoir.

C'était la loge de Memmius Mella, de famille consulaire et illustrée chez les Daces et en Pannonie : le peuple honorait cet homme à l'égal d'un dieu. Après le spectacle, la foule, en s'écoulant par les vomitoires, disait que le divin Alcide, le vainqueur du lion de Némée, avait dirigé lui-même le gladiateur Damias vers la loge de Memmius, qui était l'ami des Immortels.

Memmius possédait une maison suburbaine sur le penchant du Janicule, aux bords du Tibre, et vis-à-vis le temple de Vesta qui s'arrondit sur le rivage opposé. C'est là que Memmius conduisit le jeune gladiateur, après le spectacle, à l'heure où le char du soleil descend sur la mer Thyrrhénienne. Les esclaves apportèrent le bain odorant, les amphores d'huile d'Attique, et les baumes qu'inventa le centaure Chiron. Les pénates furent hospitaliers au gladiateur, comme s'il eût porté à son doigt l'anneau de chevalier romain. Quelques jours après, un décret du divin empereur conféra le titre de citoyen à Damias, affranchi.

Memmius était père d'une fille qui, dès le berceau, lui fut douce comme la lumière de l'aurore : il lui avait donné un surnom qui devint son nom : Amœna. Lorsque la jeune fille, assise sous la treille, le front couronné de pampres, faisait courir l'aiguille d'or sur le lin, les pêcheurs qui remontaient le Tibre la prenaient pour Érigone et la suppliaient d'être propice à leurs filets. Le père, qui avait mis en elle toutes ses complaisances, souriait alors, dans sa joie, et humectait d'un baiser le front virginal d'Amœna. Les jours de la jeune fille s'écoulaient ainsi, purs comme les aurores de l'été, aux vallons sereins d'Agrigente. Tout devant elle et aux environs, se changeait en tableau d'allégresse et de bonheur. Voir étinceler le premier rayon du levant sur la cime du Soracte et les édifices sublimes du Palatin; prêter l'oreille aux clairons qui saluaient Diane regagnant sa couche à l'aurore; suivre de l'œil les barques emportées par le Tibre à Ostie, ou les quadriges rasant au vol la voie Appienne depuis l'humide porte Capène jusqu'à la tombe de Métella, ou les vexillaires simulant une bataille contre les Parthes, avec les hastati, entre le Tibre et l'Aventin; écouter le murmure des naïades folâtrant sur les hauteurs du Janicule; respirer avec délices les parfums des fleurs réservées aux gynécées; rappeler aux ruches les abeilles ivres de cityse et de thym, telles étaient ses joies de tous les jours. Elle donnait un juste orgueil au cœur de son père. Ne voyant plus que des vices dans Rome dégénérée, le sage Memmius se réjouissait de sa fille, race chère et pure, saint trésor oublié par Saturne dans le Latium.

Reçu comme un hôte sacré à la maison de Memmius, le gladiateur Damias fut touché de la grâce et de la beauté d'Amœna, et la flèche invisible qui part d'une lèvre virginale embrasa son cœur. La jeune fille gardait ses chastes secrets au fond de son âme; elle s'effrayait dans son innocence, et, n'osant répondre, elle donnait une oreille facile aux paroles de Damias, plus douces que les caresses du zéphyr dans les boucles flottantes de ses cheveux.

Lorsque Memmius traversait le pont de Vesta, et se rendait soit à l'arc des Orfèvres, pour agiter des affaires de négoce à ce rendez-vous des marchands, soit au *tabularium*, pour lire les nouvelles d'Afrique ou de Pannonie, le gladiateur Damias abordait respectueusement la jeune Amœna, et murmurait à voix basse les choses mystérieuses de l'amour.

— Nymphe tibérine, j'atteste les dieux ennemis du parjure; je veux te demander comme épouse à ton père. Tu es belle comme le lys penché sur les fontaines, et ta voix est mélodieuse comme la voix du vent aux branches augustes des pins. Assise, quand tu t'inclines sur ton aiguille d'or, tu ressembles à la jeune reine d'Ophir, brodant le voile de son hymen; quand tu te lèves, tout ce qu'il y a de mortel en toi s'évapore et tu trahis ta divinité en marchant. Chaste fille de Memmius, donne la confiance à mes paroles, et je serai ton époux. Tu verras combien la vie est douce quand on est deux. Nous irons à Brindes, orgueilleuse de ses vaisseaux; nous traverserons la mer; nous visiterons Corinthe, qui garde encore ses dieux irrités contre les Romains; Athènes, cette antique mère de Rome; Sparte, qui pleure ses enfants; Phocée, avec la Thessalie ombreuse; les blanches Cyclades; Délos, toujours flottante comme un navire de parfums; Rhodes l'illustre, épanouie sur la mer comme la fleur royale dont elle porte le nom. Tu verras le Sperchius aimé des poëtes; la fraîche Tempé, toute pleine des amours des nymphes et des dieux; l'Arcadie, où Pan aima Syrinx. Tu verras aussi la ville voluptueuse que bâtit une syrène devant le Pausilippe. Non, je ne t'oublierai pas, ô brune Parthénope! vaste corbeille de fruits d'or! jardin des Hespérides qui a le Vésuve pour dragon et le soleil pour amant!

Ces entretiens troublaient la jeune fille, et ses joues empruntaient leur incarnat au fruit qui vient de la Perse, et sourit à nos tables de festin.

Un soir, avant que l'esclave eût versé l'huile accoutumée dans la lampe des veilles, la main d'Amœna oublia de refuser la main de Damias, et, lorsque Memmius remonta de la salle des bains, le gladiateur se jeta aux pieds du père de famille et lui demanda sa fille en mariage. Amœna baissa les yeux, et son silence éloquent sollicitait aussi le même bonheur.

La fierté romaine reparut soudainement sur le visage de Memmius. — Quelle folie s'est emparée de toi! s'écria-t-il en repoussant le gladiateur; toi l'e poux de ma fille! Oublies-tu que le plus illustre de mes aïeux a été nommé trois fois consul aux comices? Oublies-tu que mes glorieux ancêtres ont combattu en Germanie contre Arminius, dans les Gaules contre Vercingétorix, en Ibérie contre Gellon, et que leurs glorieuses images sont sculptées sur les arcs de triomphe du Forum et du Champ-de-Mars? Je te dis, ô Damias, que ma bonté a égaré ta raison et que ton orgueil révolte mon esprit. Un gladiateur épouser la fille d'un Memmius! Crois-tu, insensé, que le décret de ton affranchissement a effacé les honteux stigmates de ta chair d'esclave? Retire-toi, malheureux! Salue une dernière fois ces pénates hospitaliers qui rougissent de ton insolence, et que cette rive du Tibre te soit interdite à jamais!

Damias frappa son front avec des mains folles et sortit comme Oreste du palais de Pyrrhus. La foudre, comme dit Ovide, l'avait touché en lui laissant la vie. Semblable au mortel coupable poursuivi par les Euménides, il erra toute la nuit dans Rome, s'élançant du pied du Quirinal aux jardins de Salluste, et retombant des Thermes de Titus à la porte Colline. L'aurore le surprit rôdant autour de l'Amphithéâtre, et attendant l'heure où le peuple rentre au spectacle qui dure tout le jour. Quand le belluaire ouvrit la grille, Damias, debout au premier portique, se précipita dans l'arène et disparut comme Romulus dans une tempête... L'ouragan fauve l'avait dévoré.

Cette mort fut bientôt l'entretien des vieillards du Forum et des jeunes oisifs des Portiques. La nouvelle arriva aux oreilles de Memmius, qui sortit pour entendre les propos publics sous l'arc des Orfèvres. Le peuple accusait Memmius, et la noblesse l'approuvait; mais le peuple criait son opinion, et la noblesse l'exprimait tout bas. Memmius regagna sa maison avec un front pensif.

Rentré chez lui, il salua ses pénates et appela sa fille. L'écho de l'*impluvium* répondit seul à la voix de Memmius. — Ma fille! où est ma fille? s'écria le père. Les femmes du gynécée accoururent; les esclaves vinrent aussi : personne n'avait vu Amœna.

Memmius désolé descendit à la treille des bords du Tibre... Il y avait sur une chaise d'ivoire une aiguille, une navette, un lys flétri et un ouvrage de lin.

En ce moment des pêcheurs remontaient le Tibre dans une barque, en poussant des cris lugubres. Memmius regarda le fleuve et vit le cadavre de sa fille sur le banc des rameurs.

Le silence qui régna quelques moments encore après cette lecture ne fut interrompu que par cette exclamation de M. Belliol :
— Quelle leçon!

M. Bonchatain, visiblement ému, se leva, traversa majestueusement le salon, et, prenant les mains d'Arthur, il lui dit :

— Mon fils, vous n'êtes pas de ce siècle; vous avez vécu avec les sages, et votre esprit connaît les secrets des choses antiques. Aujourd'hui la langue que les hommes parlent est grossière comme le gravier que la pluie roule dans les sillons. Je puis vous nommer à bon droit : *Cara deum soboles!* et je vous dirai ce qui fut dit à Aristée, le pasteur : Vous êtes digne de franchir le seuil de la demeure des dieux.

Arthur s'inclina, et, prenant un autre manuscrit, il lut l'histoire suivante, pour combler le bonheur de l'antiquaire Bonchatain.

XII

LES RUINES DE PARIS

L'an de J.-C. 3846

Le phalanstère atlasien est, sans contredit, la plus charmante création de la Fraternité africaine : ce coin de terre ne renferme que trois mille familles, mais il est proposé comme résidence modèle à tous les peuples de la Nouvelle-France, depuis Alger jusqu'aux sources du Nil.

L'amour des hautes études archéologiques a poussé deux voyageurs du phalanstère atlasien à visiter cette antique terre de France, où la civilisation a jeté ses premières lueurs, et dont l'histoire physique et morale n'est plus aujourd'hui qu'un chaos sans guide et sans rayon.

Denis Zabulon et Jérémie Artémias sont les flambeaux de la science moderne. Le premier a pour aïeul l'immortel physicien à qui le genre humain doit une paix inaltérable. On sait que ce grand philanthrope inventa, vers l'an 3509, cette admirable machine qui détruisit deux flottes de cinq mille bateaux à vapeur et cent trente-trois mille combattants, en moins de temps qu'il n'en faut à une horloge pour sonner midi. Le sublime inventeur avait découvert que l'atmosphère maritime est inflammable sur une étendue de cent lieues carrées, et s'embrase spontanément au moyen d'un tison d'amiante et de diamant pulvérisé. Avant cette découverte, les vaisseaux, armés de simples canons à la Paixhans perfectionnés, ne vomissaient qu'un millier de bombes incendiaires à la minute, de sorte qu'un tiers des deux flottes ennemies surnageait toujours après la bataille. L'aïeul Zabulon, en popularisant son philanthropique secret de destruction, oblige deux flottes à s'incendier mutuellement jusqu'à la dernière chaloupe et au dernier matelot.

Aussi, depuis trois siècles, on ne se bat plus dans l'univers : l'excès du mal a engendré le bien.

L'univers a récompensé cette généreuse découverte en accordant à perpétuité à la famille Zabulon, jusqu'au jugement dernier, une pension de dix mille phalanstères d'or, hypothéqués sur le trésor du genre humain, à la mine de Quito. Denis Zabulon dépense noblement cette fortune héréditaire, et la fait servir aux besoins ou aux plaisirs des frères mappe-mondains.

Les deux amis traversèrent en *steam-table* le ruisseau qui sépare l'Afrique des rives de l'ancienne France. Un peu contrariés par les vents, ils n'abordèrent qu'à midi, quoiqu'ils fussent partis à quatre heures du matin. Leurs provisions de voyage se composaient d'une meule de racahout, de quatre gigots de lion, d'un pâté de sanglier et de cinquante amphores de vin de Constantine. Ils firent leurs premiers repas sur le rivage désert où l'on dit que florissait autrefois une ville nommée Marseille, ou Marsyo, ou Marsalias.

Ils remontèrent en *steam-table*, et, le soir, ils découvrirent, du haut des airs, vingt lieues de ruines mousseuses, lesquelles, d'après leurs calculs, devaient appartenir à l'ancienne capitale de la France, nommée Paris, selon les uns, et selon les autres, mieux instruits, *Parigi* ou *Lutetia*; deux noms pourtant qui ne se ressemblent pas beaucoup. Le savant Polyeucte Frézy opine pour *Lutetia*, mot qui signifiait, dans une ancienne langue, boue. Un autre savant, le Frère Dalhia-Dream, opine pour Parigi, ne pouvant se résoudre à admettre que, dans l'antiquité, une ville se soit appelée *boue*, pour attirer à elle des habitants.

Les aides-familles dressèrent une belle tente sur le plateau d'une vaste ruine, qui devait être un de ces monuments appelés arcs de triomphe chez les anciens. On y déposa les meubles et les provisions de voyage, et la promenade aux ruines fut renvoyée au lendemain.

Les deux voyageurs traversèrent une assez vaste forêt où les lianes voilaient les arbres, et les hauts gazons la terre, et ils découvrirent les ruines d'un temple grec ou romain qui paraissait appartenir au siècle de Périclès ou d'Auguste.

Denis Zabulon est un des rares savants qui ont encore quelques notions des vieilles langues grecque et latine. Dans les divers cataclysmes que la terre a subis, soit de la part des hommes, soit de la part des éléments, à peine quelques livres ont surnagé pour conserver jusqu'à nous la filiation des langues. Denis Zabulon connaît ces livres, ou, pour mieux dire, les squelettes de ces livres, et cela suffit à sa merveilleuse sagacité de linguiste et de commentateur.

Denis Zabulon, en fouillant les ruines de ce monument grec ou romain, à l'ouest de Paris, a découvert une mosaïque assez bien conservée : c'est un grand tableau représentant une jeune fille vêtue d'une tunique blanche, et entourée de jeunes gens qui lui offrent des bracelets et des anneaux d'or. La jeune fille, sans prêter la moindre attention aux jeunes gens et à leurs dons, regarde dans le lointain trois croix plantées sur le sommet d'une montagne, et semble se préparer à une grande résolution. Cette mosaïque, dit Zabulon, donne une idée exacte de l'ameublement et des costumes de cette époque, dont elle garde la date 1848. Quelle antiquité ! Les jeunes gens de Paris portent un costume à peu près romain, une cuirasse, des brassards, un casque et des sandales ; la jeune fille n'est couverte que d'une chlamyde à larges draperies ; elle a les pieds nus, et ses longues tresses de cheveux blonds inondent ses épaules et son sein.

Nous allons voir par quel ingénieux procédé d'archéologue Denis Zabulon a reconstruit ces ruines, et démontré l'antique destination du monument.

En réunissant sur une seule ligne plusieurs tronçons de pierres chargées de lettres Zabulon est parvenu à refaire cette inscription votive :

DOM. SUB. INV. S. M. MAGDALENAE (1).

Ce qui signifie clairement : *Magdeleine a trouvé son mari sous sa maison : Sub domo invenit suum maritum Magdalena...* L'E qui suit commençait sans doute un autre membre de phrase dévoré par les siècles ; mais ce qui nous reste de l'inscription suffit pour nous prouver que ce temple avait été dédié à la glorification de la vertu domestique et du recueillement virginal du gynécée. Leçon monumentale donnée par les anciens aux jeunes filles ! Ce temple leur disait d'éviter les lieux publics, cirques, fêtes, promenades, et leur enseignait aussi qu'une personne sage, sans s'écarter du foyer domestique, pouvait fort bien trouver un mari dans sa maison, ainsi que le trouva cette Magdeleine qui mérita un temple par ses vertus. La mosaïque complète l'inscription et en développe le sens avec le relief le plus expressif. Ainsi, les mœurs de cette époque (1848) n'étaient pas corrompues, comme certains historiens l'ont insinué trop légèrement. C'était, au contraire, un noble siècle, celui qui élevait un temple à la vertu isolée, à la vierge cénobite, au pieux recueillement : *Sub domo invenit*.

Denis Zabulon et son ami s'avancèrent vers l'est, et, à peu de distance du monument de Magdeleine, ils découvrirent, sous des masses de lichen et de lierre, des tronçons d'une colonne triomphale, qui, selon toutes les apparences, avait eu un revêtement

(1) Inscription du fronton de l'église de la Madeleine, temple renouvelé des Grecs.

de bronze lorsqu'elle était debout. Le stylobate n'était point renversé ; quatre aigles, attestant l'origine romaine de la colonne, subsistaient encore, dans un assez bel état de conservation, aux quatre angles du stylobate. Mais ce qui combla de joie Denis Zabulon ce fut une inscription romaine très-lisible, quoique dépecée, pour ainsi dire, par les ongles des barbares du nord. L'illustre savant parvint à reconstruire l'inscription dans l'ordre primitif, en rapprochant les débris de la plaque de marbre sur laquelle était gravée cette phrase latine :

NEA POLIO. IMP. AUG.
MONUMENTUM BELLI GERMANICI
ANNO 1805
TRIMESTRI SPATIO DUCTU SUB
PROFLIGATI EX ÆRE CAPTO
GLORIÆ EXERCITUS MAXIMI DICAVIT (1)

Cette inscription, quoique écrite dans un latin des plus médiocres, jettera un grand jour sur cette histoire antique couverte de ténèbres. Cette colonne triomphale a été dédiée à la gloire d'une armée très-considérable, *exercitus maximi*, par Nea Polion, général d'Auguste, *Nea Polio, imperator Augusti*. Rien de plus clair. C'est le monument de la guerre de Germanicus, *monumentum belli Germanici* ; achevée dans un trimestre, *trimestri spatio* ; fort mauvais latin, mais fort clair. La colonne fut construite avec le bronze pris du vaincu, *ex ære capto profligati*, c'est-à-dire avec toutes les pièces de monnaie de cuivre trouvées chez l'ennemi, ou avec son trésor, *ære*.

Nea Polion, général d'Auguste, eut donc la gloire de terminer la guerre de Germanicus ; et il éleva cette colonne à Paris, probablement sous le règne du roi de Rome, dont le palais s'élevait sur les bords de la Seine, dit un historien. L'inscription est d'autant plus précieuse qu'elle relève une erreur chronologique de seize siècles environ ; qu'elle fixe le règne d'Auguste en 1805 ; qu'elle précise exactement la fin de la fameuse guerre de Germanicus, et qu'enfin elle prouve qu'en 1805 la langue latine, quoique bien dégénérée, était parlée à Paris. Ce ne fut donc qu'à la fin du dix-neuvième siècle que la langue française se forma de la putréfaction du latin.

Denis Zabulon et Jérémie Artémias ressentirent devant ces grandes découvertes une joie fort naturelle. Cela console de bien des maux. Tirer un rayon d'une ruine et illuminer l'histoire, quelle œuvre ! et quel service rendu à l'humanité ! Sans doute le sage roi Spirigh, qui florissait en 3245, a bien mérité de l'univers en ordonnant l'incendie de tous les livres et de toutes les bibliothèques de l'Europe, de l'Asie et de l'Amérique. La terre était sur le point de n'être plus habitée que par des livres ; les insectes et les animaux rongeurs qui vivent des papiers imprimés se multipliaient d'une manière effrayante, et il aurait bientôt fallu que l'homme abandonnât les villes aux bibliothèques et aux vers. Le sage roi Spirigh, le conquérant éclairé de trois parties du monde, a donc rendu un véritable service aux hommes en livrant au feu ses innombrables montagnes de livres qui ne servaient plus qu'à infecter l'atmosphère ; car ils étaient devenus si nombreux que leur formidable masse décourageait la science et l'instruction. Le sage roi Spirigh a voulu donner à l'histoire du monde un nouveau point de départ, et faire regarder comme non avenu tout ce qui s'est passé avant son ère glorieuse. Mais, tout en rendant hommage au décret du roi Spirigh, nous devons aussi des actions de grâces aux savants qui, au moyen de quelques lambeaux de papier arrachés aux flammes et de quelques inscriptions nébuleuses, ont surpris à l'antiquité quelques-uns de ses secrets historiques. Denis Zabulon a bien mérité de la science, puisque, à l'aide de trois lignes latines, il a comblé l'immense lacune que l'incendie de toutes les bibliothèques avait ouverte jusqu'à l'époque actuelle, 3844.

En continuant ses explorations, Denis Zabulon acheva de se prouver qu'au dix-neuvième siècle les français parlaient un latin dégénéré, sous des rois habillés en Césars. Pourtant ce système rencontra bientôt une singulière contradiction, et notre savant voyageur fut obligé de méditer longtemps pour se mettre d'accord avec lui-même. Au milieu d'une enceinte circulaire de ruines qui conservaient encore la forme d'une place publique, Zabulon découvrit les fragments d'une statue équestre de bronze, liés par une mousse gluante à des débris d'inscriptions et de bas-reliefs. Le costume et la coiffure de la statue ne laissaient aucun doute sur la classification nationale du héros représenté. Le manteau à grands plis, les cothurnes à bandelettes, la couronne de laurier annonçaient du premier coup d'œil un empereur romain. Le nom avait disparu de l'inscription, mais on y lisait encore ces mots *inter reges magnos* ; Zabulon et Artémias, d'un commun accord, reconnurent l'empereur Adrien, le seul César dont le type se soit conservé jusqu'à nous ; au milieu des révolutions géologiques et historiques dont le globe a été labouré en tous les sens. Mais le bas-relief accolé à la statue, et paraissant appartenir à la même époque, représentait le même héros de la statue avec un costume qui aurait provoqué de violents éclats de rire chez des voyageurs moins graves que nos deux savants. L'empereur Adrien était coiffé d'une énorme perruque (1), débordant, avec

---

(1) Inscription absurde, par le fond et la forme, et qu'on est honteux de lire sur le stylobate de la colonne Vendôme ; et il y avait en 1805 une Académie des Inscriptions et Belles-Lettres !!!

(1) La statue de Louis XIV, sur la place des Victoires. Le roi sur son cheval, est coiffé et habillé en empereur romain, et, sur le bas-relief, en perruquier français.

une fausse et comique opulence, sous les vastes ailes d'un chapeau, et se déroulant sur le col d'un habit étrangement taillé. Zabulon et Artémias expliquèrent ces différences de costume par un système aussi naturel qu'ingénieux. « Adrien, dit Zabulon, a fait un voyage de sept ans à travers l'Europe et l'Afrique; quand il porte le costume léger d'empereur, c'est que les artistes l'ont représenté tel qu'il voyageait sur les bords du Nil; quand il est coiffé de sa vaste chevelure d'emprunt, il est censé visiter les climats pluvieux et froids du Nord. »

— En effet, ajoutait Artémias, les peuples qui ont habité ce pays devaient tous porter d'énormes perruques pour défendre leurs têtes contre une atmosphère toujours humide ou glaciale. La civilisation a démontré victorieusement depuis cette époque si ancienne, que l'homme, avec sa chair délicate, n'était pas né pour recevoir en détail, sur sa tête, pendant sa vie, la cataracte du Niagara. Tous ces monuments qui nous entourent n'ont pas tous été détruits; ils se sont fondus comme des grains de sucre sous un déluge perpétuel.

On ne comprend pas qu'il y ait eu un Pharamond assez amphibie pour fonder une ville ici et la faire délayer à l'eau de pluie ou de neige pendant vingt générations. Comme la sagesse est tardive à venir dans le cerveau humain! Il a fallu bien des siècles pour arracher tant de barbares à leur cataracte natale, à leur neige, à leurs brouillards, à leur ciel plat, à leurs giboulées, à leur grésil, et les décider enfin à chercher dans les régions d'Alger, de Constantine et de l'Atlas, une terre habitable et un climat humain! Vraiment, on ne conçoit pas cette longue aberration de l'antiquité.

Denis Zabulon fit déblayer par deux de ses aides-familles un terrain couvert de ruines vulgaires, pour achever de lire une inscription latine dont il ne voyait que le premier mot; ce travail de fouille mit en lumière des fragments d'une fontaine à peu près fondue par les eaux du ciel, et qui n'avait conservé que ces mots sur un tronçon de pilastre:

Nympha... fluctus credidit esse suos (1).

« Voilà une précieuse révélation, dit Zabulon. *Nympha!* Les Parisiens, en 1805, n'avaient pas encore renoncé au culte mythologique des nymphes. Si nous eussions rencontré ce mot dans un livre, nous l'aurions, à bon droit, regardé comme l'expression isolée de la croyance d'un écrivain; mais c'est un monument public qui parle, un monument national; c'est la profession de foi de tout un pays. *Nympha fluctus*

(1) La fontaine de Jean-Goujon, au marché des Innocents. Les vers de l'inscription sont du poète français-latin Santeuil, prêtre qui croyait aux nymphes.

credidit esse suos, la nymphe a cru que ces flots lui appartenaient; la nymphe de ce lieu revendique sa propriété; la divinité réclame ses droits. Rien de plus clair. Ainsi le catholicisme n'était pas connu à Paris en 1805. Au reste, tout ce que nous avons vu, tout ce que nous voyons autour de nous confirme la vérité de cette découverte. Frère Artémias, ces temples en ruines, ces dômes, ces colonnades appartiennent à l'art païen. Le style grec et romain domine ces ruines. L'art national et catholique ne se révèle nulle part.

En parlant ainsi Zabulon regarda du côté du sud et découvrit les ruines d'un temple grec sur le sommet d'une colline. « Allons, voir ce temple grec, dit-il à Artémias.

Ils traversèrent environ quatre kilomètres de boue et de ruines liquéfiées, et atteignirent le sommet de la colline. Zabulon fut transporté de joie. Quinze colonnes cannelées étaient debout, comme le péristyle d'un temple absent. La moitié d'une coupole, surmontée d'un *génie*, gisait un peu plus loin, et, sur un débris de fronton, le mot *Panthéon* se laissait lire de toute la hauteur exagérée de ses lettres d'airain, sous la date de 1875. « Zabulon, mon frère, dit Artémias, ton système est juste, et plus juste encore que tu ne croyais. Paris conservait le culte des dieux en 1875. Ce monument dominateur résumait dans les airs les croyances religieuses de cette époque. La croix du Christ n'était pas connue à Paris en 1875; si elle eût été connue, nous la verrions certainement sur le plus élevé de tous ses édifices, et sur ce dôme où planait un *génie* païen. En 1875 Paris avait encore foi aux *génies*. Un *génie* était une chose qui avait un pied suspendu, deux bras en avant et une flamme sur les cheveux (1).

— Oh! s'écria Zabulon, voilà qui est décisif! Regarde bien, frère Artémias; ceci est une plaque de marbre détachée d'une muraille de ce monument voisin, élevé autrefois en face du Panthéon. Lisez ces deux mots: JUS ROMANUM. 1853 (2).

— *Jus Romanum!* dit Artémias en croisant les mains par-dessus son front. En 1853 Paris était gouverné par le droit romain! Les pères y coupaient la tête à leurs enfants, et l'esclavage n'y était pas aboli! Grand Dieu, que la terre a été longtemps acharnée dans ses erreurs! »

Le jour étant près de finir, nos deux voyageurs remontèrent en *steam-table*, avec leurs aides-familles, pour aller coucher à Marsyo ou Marsalias, en face d'Alger.

Denis Zabulon a inventé cette maxime: *Voyager, c'est mépriser sa maison.* Aussi notre savant n'entreprend jamais que des promenades de quelques jours.

(1) Le Panthéon ou Sainte-Geneviève, selon la chance des révolutions et des restaurations.
(2) L'école de Droit, à côté du Panthéon.

« La vie est courte, dit-il ; vivre, c'est garder sa famille ; toute distraction extérieure est un commencement de mort. »

La société du Portique des *Amis de la Vérité* avait ordonné à Denis Zabulon cette promenade aux ruines de Paris, et le savant devait obéir. Quatre jours après son départ il embrassait sa famille et ses amis, qui l'attendaient sur la chaussée de rocs que le môle d'Alger a lancée à six kilomètres du rivage africain ; c'est un superbe travail ; pour l'accomplir il a fallu dépecer quelques montagnes et les noyer au loin au moyen de l'invincible action de la poudre fulminante raffinée. Cette prodigieuse chaussée donne au marin une douce illusion ; il lui semble que l'Atlas lui tend la main jusqu'à l'horizon. A l'extrémité de la chaussée s'élève, comme on sait, un immense portique où les *Amis de la Vérité* se rassemblent pour parler de la nature des choses, entre l'infini du ciel et l'infini de la mer. Denis Zabulon rendit compte de sa mission dans un discours très-détaillé, dont nous citerons la péroraison.

« Frères, dit Zabulon en finissant, l'aspect général des ruines de Paris a quelque chose de désolant qui brise le cœur. Vous avez vu les ruines de Calcutta, de Madras, de Canton, ruines charmantes, dorées au soleil de l'Inde, hérissées d'aloès, de nopals et de palmiers, bordées partout de verdure et de mousses ardentes, animées par des bonds de tigres et des fusées de boas tordus dans les airs. Voilà des ruines adorables, et malheur à la main qui voudrait les ressusciter en monuments ! Mais les ruines de Paris, grand Dieu ! Oh ! le brouillard des ennuis me couvre encore les yeux et le cœur en reportant sur elles mon souvenir ! Figurez-vous un océan de boue noire, soulevé en vagues énormes par la tempête et subitement glacé dans sa folle insurrection. L'œil a de la peine à distinguer la maison du citoyen de la demeure des rois et des dieux. Une teinte uniforme couvre ces collines artificielles, et l'air n'y sonne d'autre bruit que la plainte continuelle des gouttes d'eau sur les feuilles, et le croassement des corneilles qui tourbillonnent dans le brouillard.

« Devons-nous être étonnés que les habitants de cette zone inhabitable aient vécu dans les ténèbres du paganisme, et soient morts de génération en génération, pendant vingt siècles peut-être, sans connaître le vrai Dieu ? C'est que le vrai Dieu ne se manifeste que dans les régions splendides, à la clarté des étoiles, filles de Dieu. Les Parisiens, mon frère Artémias vous l'attestera, et nos découvertes nous défendent d'en douter, les Parisiens ont vécu assis à l'ombre de la mort et de l'erreur. Les ténèbres physiques sont les sœurs des ténèbres morales. Oui, frères, il résulte de nos explorations qu'en 1805, on y a élevé un temple à tous les dieux ; vous savez que Dieu seul a toujours été exclu des panthéons.

« Nos découvertes historiques, en dehors du domaine religieux, ne sont pas sans intérêt. Les Parisiens ont élevé des colonnes à Nea Polion, général d'Auguste, pour célébrer l'heureuse issue de la guerre de Germanicus ; ils ont bâti un temple à la pudeur du gynécée, ce qui prouve du moins que le paganisme n'avait pas entretenu chez eux la corruption des mœurs ; il ont dressé une statue équestre à l'empereur Adrien, vers 1816, et un bas-relief de ce monument nous a appris que les Parisiens portaient tous d'énormes perruques pour se garantir de l'humidité perfide de leur climat. Quand on revient de cette promenade aux ruines de Paris, on éprouve un juste sentiment de fierté en jetant un regard sur l'état actuel de notre civilisation. Que nous sommes heureux, mes frères. de vivre en 3844, lorsque tout ce qui pouvait être grand, utile, agréable et beau, a été accompli. Les ruines sont les jalons des tâtonnements de l'humanité. Quand une planète s'essaye à vivre, elle essaye longtemps ; l'enfance du géant de neuf mille lieues est longue : à l'âge de quarante siècles elle est encore à la mamelle de sa mère l'Expérience. Félicitons-nous d'avoir reçu la vie au meilleur moment ; et, dans l'intérêt de nos fils, travaillons même à soigner le bien que nous avons, pour le changer en mieux.

Ce discours fut accueilli par un silence solennel, indice des émotions profondes, et le grand artiste Albert Segor, à son domicile au troisième étage de l'Atlas, entonna l'hymne de la fraternité mappe-mondaine. Cent mille voix répétèrent ce fameux refrain :

> Frères, chantez ! voici les temps prédits ;
> Dieu sur la terre a mis le paradis.

Comme Arthur achevait ces mots, un grand bruit arriva du fond du corridor où était peinte une tête de chien, avec l'inscription antique : *Cave Canem*. M. Bonchatain laissa poindre, sur sa face auguste, cette indignation que ressentirait un pontife troublé dans ses cérémonies par de profanes voix.

Tous les invités se levèrent avec inquiétude et interrogèrent la porte du salon, ouverte comme une bouche qui ne parle pas.

Arthur, se rapprochant de Félix, lui dit :

— Je parierais que c'est encore un nouveau tour de ce damné d'officier.

— Impossible ! dit Félix ; depuis sa dernière défaite il a donné sa démission.

— Il me semble, Félix, que je reconnais une de ces voix qui parlent en criant, comme on fait en province.

— Nous entrerons malgré tout ! s'écrièrent comme un duo de tonnerres les voix du dehors.

Bonchatain prit un voile de lin et couvrit les têtes de ses dieux pénates.

Deux hommes pâles et dévastés dans leur toilette entrèrent, ou pour mieux dire se précipitèrent dans le salon. M. Bonchatain leva les bras vers l'Olympe. Arthur et Félix reculèrent d'effroi, et tombèrent comme évanouis sur deux chaises curules. Les jeunes demoiselles s'envolèrent vers la campagne, comme des alcyons chassés par la tempête dans le port.

—Étrangers, dit Bonchatain aux interrupteurs de sa fête avec une dignité sacerdotale, vous avez insulté mes lares. Sortez à l'instant; vous ne m'êtes pas connus. Sortez, ou j'appelle mes esclaves!

—Nous ne sortirons pas! répondirent les étrangers.

Deux domestiques parurent à la porte du salon et dirent d'une voix humble :

—Ces hommes n'ont pas voulu se faire annoncer; nous leur avons barré le passage, mais ils l'ont forcé à coups de poing.

Toutes ces choses furent dites et faites simultanément.

Un troisième étranger entra au milieu du tumulte, et son front décoré de cheveux gris frappa M. Bonchatain, qui s'avança et lui dit :

—Au nom des dieux! quelle est la cause de ce fracas digne du Styx?

—Ah! dit le troisième étranger, en tournant son menton dans le libre circuit de sa cravate blanche à gances, cela ne me regarde pas, heureusement; mais je vous conseille de prendre la poste et d'aller à Bruxelles; ce sera prudent, cher monsieur.

—A Bruxelles! s'écria le païen; que me réserve donc le Destin, le plus puissant des dieux?

Et il se laissa tomber sur le tapis moelleux d'un *biclinium*.

M. Belliol ajustait le châle sur les épaules de sa femme, et cherchait de l'œil son chapeau accroché au bec d'une colonne rostrale, dans un angle de salon.

Cette fois, ce n'était pas l'officier qui troublait la fête.

XIII

LE TROISIÈME ÉTAT

Autrefois, lorsque les illustres romanciers, nos aïeux, introduisaient des personnages inconnus au milieu d'une scène orageuse, ils ne manquaient pas de s'écrier avec un foudroyant point d'interrogation au bout : *Quels sont ces hommes mystérieux dont la....? etc.* L'écrivain adressait cette demande à son lecteur ; et, après lui avoir fait subir le martyre d'une page hiéroglyphique, il se décidait à dire ce qu'étaient ces hommes mystérieux. Telles furent les mœurs de l'âge d'or du roman sous le règne de Ducray-Duménil, lequel a gagné trente mille livres de rente en épuisant les points d'interrogation fondus par la dynastie des Didot.

M. Bonchatain s'était réfugié sous un dieu Lare et embrassait la corne de l'autel.

La foule, en s'éclaircissant, mit à découvert, sur leurs chaises, le groupe foudroyé d'Arthur et de Félix. Les deux premiers étrangers se précipitèrent sur les jeunes gens, et, les tenant étroitement embrassés :

— Oui, s'écrièrent-ils, quelle que soit leur faute, on ne les arrachera pas d'ici !

— Mon père, vous me perdez ! dit Arthur d'une voix sourde.

— Grand dieu ! dit Félix à l'autre étranger, qu'ôtes-vous venu faire ici, mon père ?

Le salon était désert. M. Bonchatain même venait de sortir pour invoquer les divinités d'Arcadie qui veillent la nuit sur la sainteté des bois.

— Comment ! ce que nous venons faire ici ? dit le père de Félix en tirant de sa poche un journal. Nous venons vous sauver, malheureux, s'il en est temps encore ! Lisez l'article de *l'Observateur rémois*.

Arthur se dégagea des bras de son père pour lire l'article. M. Greminy père leva les mains et les yeux au plafond en poussant des soupirs de désespoir. Le troisième étranger, dans l'attitude d'un homme qui a sa conviction faite, regardait l'ameublement païen du salon et disait : « C'est bien étrange tout ceci ! Il n'y a pas même une pendule sur la cheminée ? Chez qui diable sommes-nous ? »

L'article de *l'Observateur rémois* était ainsi conçu : « On nous écrit de Paris (cinq heures du soir)
« qu'un complot vient d'être découvert à la veille de
« son exécution. Il ne s'agissait de rien moins que
« de surprendre le château du Louvre et de l'incen-
« dier avec de grandes caisses pleines de matières
« combustibles. L'avant-garde des conjurés a été ar-
« rêtée sur la place du Louvre, et on leur a fait subir
« un premier interrogatoire. Les accusés appartien-
« nent presque tous aux Écoles de droit et de méde-
« cine, et quelques-uns ont des noms honorablement
« portés par d'anciennes maisons de notre ville. La
« justice informe. La nouvelle de cet événement a
« fait sensation à la Bourse. Les fonds ont éprouvé
« une assez forte baisse ; ils se sont un peu relevés à
« la fin.

« *P. S.* On a fait de nouvelles arrestations dans
« une maison du quai Voltaire, chez un marchand de
« bric-à-brac ; on y a trouvé un dépôt d'armes. »

Le sourire qui avait contracté le visage de Félix et

d'Athur pendant cette lecture éclata bruyamment aux dernières lignes, et avec une telle verve de contagion que les deux pères se mirent de la partie en essuyant leurs larmes. Le troisième étranger, scandalisé de cette gaîté folle, refusa de s'adjoindre au quatuor, et demeura pétrifié entre deux statues de dieux.

En grande hâte Arthur expliqua tout aux deux pères, et avec cet accent de candeur et de vérité qui supprime le doute, surtout lorsque le désespoir paternel ne demande pas mieux que de ne pas douter.

— Mais comment avez-vous découvert la maison de campagne où nous sommes? demanda Félix.

— D'une manière toute simple, dit M. Davillet. Du quai Voltaire on nous a renvoyés à l'hôtel de l'amiral Coligny, là, le portier nous a dit que vous aviez, en partant, donné l'ordre d'expédier une voiture à deux chevaux, avant minuit, à la maison de campagne de M. Bonchatain, à Asnières.

— C'est juste, dit Arthur.

— Cela n'empêche pas, mon cher Arthur, que tu m'as fait perdre vingt-deux voix hier aux élections municipales. J'ai échoué. On a refusé d'élire un père qui avait un fils conspirateur. Je suis ajourné à cinq ans... Voilà M. Estève, avoué, qui a bien voulu nous accompagner pour nous aider de ses conseils.

Le troisième étranger était M. Estève; il rendit froidement leur salut aux deux jeunes gens et dit :

— Je vous ai vu bien jeune, monsieur Arthur, et je ne prévoyais pas qu'un jour je vous trouverais compromis dans une méchante affaire. L'essentiel, maintenant, c'est de gagner un port de la Manche. Voilà le conseil amical que je puis vous donner. Vous avez fait sagement de prendre une bonne voiture et deux bons chevaux.

— Monsieur Estève, dit Arthur avec un sérieux bien joué, ne parlons pas de notre malheureuse affaire du Louvre ici. Personne, dans cette maison, ne se doute de notre situation fâcheuse, et, quand le moment sera venu de fuir en pays étranger, nous serons prêts, mes complices et moi.

— Malheureux jeune homme! dit M. Estève l'avoué, vous ne savez pas ce que vous perdez. J'avais promis à monsieur votre père de vous donner 1,800 francs par an, au bout du semestre, et de vous laisser ma clientèle, en 1855, quand je me retirerai des affaires.

— N'en parlons plus, dit Arthur en étouffant un éclat de rire dans un soupir faux ; j'ai été égaré par de mauvais conseils.

— Que cela vous serve au moins de leçon ! dit l'avoué rémois.

Cependant le quatuor d'éclat de rire avait ramené les plus courageux des deux sexes sous les fenêtres du salon. Arthur, reprenant tout son courage en voyant le pardon et la sérénité sur le visage de son père, courut à M. Bonchatain, qui était occupé à cueillir de la verveine, du houx et du nénuphar, pour les déposer dans la corbeille de son dieu Therme, afin de conjurer les nouveaux malheurs de la nuit.

— Excusez-nous, monsieur Bonchatain, dit-il ; nous avons été le prétexte d'une scène bien désagréable et que je voudrais effacer dans votre mémoire avec mon sang.

— Jeune homme, dit Bonchatain, la vertu ne sacrifie pas à l'autel de la Peur. Alcimédon et Simonide ont été préservés par les dieux, quand leurs maisons s'écroulaient, parce que la vertu était au cœur de ces hommes..... Que nous veulent ces insolents Gaulois?

— Votre maison ne s'écroule pas, mon cher monsieur Bonchatain, dit Arthur, au contraire... Ces deux étrangers ne viennent pas, comme les satellites de Denis, piller le temple d'Éphèse ou dépouiller la statue de Jupiter de son manteau d'or; ce sont deux excellents Gaulois de la Champagne, illustre par un vin qui enfonce le Massique et le Falerne. Ils ne viennent pas, comme les Gaulois de Brennus, insulter un vieillard romain sur sa chaise curule. Je vous jure par le Styx, serment redouté même des dieux, que leurs intentions sont pures, et qu'elles peuvent verser la joie dans le cœur des familles. L'un de ces Gaulois est mon père, l'autre est le père de mon ami Félix Davillet.

Les jeunes femmes entouraient le groupe d'Arthur et de Bonchatain, et le cercle, fiévreux de curiosité, se rétrécissait à chaque instant.

— Dieux immortels! s'écria Bonchatain, ces deux Gaulois sont vos pères!

— Vous excuserez leur colère, mon cher monsieur Bonchatain, lorsque vous connaîtrez le motif de leur voyage. Ils viennent ici en amis, apportant la paix dans les plis de leurs... paletots, et nos esclaves ont osé appliquer sur eux des mains violentes!..... *Inde iræ.*

A ces derniers mots, les deux pères s'étaient avancés vers M. Bonchatain, et le saluaient avec un respect tout rempli d'excuses.

M. Estève saluait les dames avec la galanterie impériale des jeunes gens de 1810.

Une sécurité joyeuse revenait sur tous les visages. Madame Belliol rendait son châle à son époux, et s'abandonnait à l'admiration de M. Estève.

— En effet, disait M. Belliol, ce sont les portraits vivants de leurs pères.

— Les fils sont beaucoup mieux, disait madame Belliol.

Mademoiselle Léonie et mademoiselle Eugénie Bonchatain approuvèrent d'un signe de tête cette dernière réflexion. M. Bonchatain avait répondu par des saluts pontificaux et des gestes hospitaliers aux excuses respectueuses des deux pères ; puis il leur dit :

— Étrangers, venez honorer mon toit domestique, et apaisons mes pénates irrités.

— Il ne faut pas s'étonner de ces phrases-là, dit en *a parte* Arthur à son père. Ce monsieur parle toujours de cette façon : c'est sa langue à lui.

— Il a une drôle de langue! dit le père en suivant processionnellement, avec les autres, le pas majestueux de M. Bonchatain.

M. Estève, qui voulait jouer un rôle à tout prix, parce qu'il avait une grande réputation dans sa rue natale, se mit en tête de la marche, et dit à M. Bonchatain :

— Les propriétés rurales sont-elles d'un bon rapports dans ces contrées? Le terrain me semble un peu marécageux. Je serais bien étonné si ce sol d'alluvions rendait le deux, le quatre au plus.

— Vieillard, lui répondit Bonchatain, Laërte, le père du sage Ulysse d'Ithaque, n'avait que treize poiriers dans son jardin, comme l'atteste l'Odyssée d'Homère, et il vécut deux âges d'hommes en cultivant la vertu, seul bien qui donne le bonheur.

— Ah! fit Estève; et il regarda obliquement M. Bonchatain de la tête aux pieds avec une incroyable stupéfaction.

Les demoiselles Belliol et Bonchatain, avec cette sagacité merveilleuse que le berceau donne à leur sexe, se communiquaient à voix basse beaucoup de conjectures qui n'étaient pas la vérité, mais qui pouvaient bien l'être le lendemain. Elles marchaient lentement et à l'écart de leurs amies, espérant toujours qu'un regard ou une parole d'Arthur et de Félix leur donnerait enfin raison. Elles ne se trompaient pas. Est-ce qu'une jeune fille se trompe? Arthur et Félix, tout en faisant mine d'avancer vers le seuil de la maison, reculaient quatre pas après en avoir compté deux, et ils se trouvèrent les derniers sur la terrasse, en tête-à-tête avec leurs amours.

— Une minute! une seule, dit Arthur les mains jointes. Le temps est précieux. Nous sommes au désespoir. Les plus grands malheurs peuvent arriver. Nous serions à vos pieds, mesdemoiselles, si nous étions seuls. Nos pères viennent vous demander en mariage. Donnez-nous la vie ou la mort.

Les jeunes filles baissèrent les yeux, rougirent et ne répondirent pas.

— La rivière n'est pas bien loin! dit Arthur.

— Entrez, messieurs, dit Eugénie, on vous attend.

Et elle fit un sourire amical qui rebondit sur les joues de mademoiselle Belliol.

Arthur et Félix entrèrent d'un air triomphant.

M. Estève s'approcha mystérieusement d'Arthur et lui dit à l'oreille : — Étourdi, la voiture est arrivée; quittez le salon à la parisienne; point d'adieu, et filez. Vous serez à Calais demain à midi, et à Londres à sept heures du soir. A Londres, vous êtes sauvé.

— C'est bon! dit Arthur.

Après avoir apaisé la colère de ses lares, M. Bonchatain dit au père d'Arthur : Vous avez un fils qui sera l'orgueil de votre vieillesse. Heureuse l'épouse que ce jeune homme conduira aux autels. Parmi tous les prétendants qui vinrent demander Hélène à son père Tindare, nul ne possèda plus de grâce sur sa personne et plus de charme dans sa voix...

— C'est le moment, dit Arthur à l'oreille de son père.

— Monsieur Bonchatain, dit le père d'Arthur, mon fils vous a dit que nous étions venus ici avec des intentions honnêtes..... Mon fils a sagement parlé.... Je viens vous demander pour lui la main de votre céleste fille, mademoiselle Eugénie...

Une ride olympienne gerça subitement le front de M. Bonchatain, et le premier mot de sa réponse s'arrêta dans son gosier.

— Homme sage, dit-il, quel moment choisissez-vous pour m'apporter ces paroles?... J'ai juré...

— Pardon si je vous interromps, dit Arthur; vous avez juré que votre fille n'épouserait jamais un Samnite ou quelque autre monsieur de la Perse ou du Pont-Euxin. Je ne suis ni Samnite, ni Perse, ni Russe; je suis Champenois. Votre serment ne regarde pas les Champenois.

Bonchatain se donna le sourire que Jupiter donne si souvent à Junon, dans les poëmes grecs et latins : *Olli subridens*, et prenant la main du jeune homme :

— Il est gracieux comme le fils de Cinyre, dit-il, ou comme le jeune César, lorsqu'il se dérobait aux proscriptions dans le gynécée protecteur, ou comme le poëte Ovide, qui leva les yeux sur la fille de son maître impérial... Viens ici, mon fils... Crois-tu que ma Psyché aura des oreilles favorables à tes aveux?... Malheur au père qui impose un époux à sa fille! Le dieu Hymen se voile alors les yeux avec sa chlamyde safranée et éteint tristement son flambeau... Viens ici, Psyché... viens... Oui, ma fille bien-aimée entre toutes les filles, viens à la voix de ton père, apporte ton front à mes lèvres.

La jeune fille, toute émue, traversa la foule et se jeta dans les bras de son père.

— Acceptes-tu ce jeune homme pour époux? dit le vieillard.

La réponse fut un mouvement de tête qui signifiait tout, excepté *non*.

— Ma chère enfant, ajouta l'antiquaire, il ne sera pas dit que les pêcheurs de la *Sequana* (Seine) me ramèneront dans leur barque mon Amœna. Tu seras l'épouse de ce noble enfant. Puis, élevant une voix qui fit cesser les cent colloques de la salle, il ajouta :

— Vous tous, ici réunis, commensaux, amis, convives, pères de famille qui avez honoré mon toit hospitalier, jeunes gens et jeunes filles qui rêvez les douceurs de l'hymen, donnez l'oreille à ma parole : Que l'allégresse éclate jusqu'aux poutres de ces lambris; que le chœur entonne le *Cras amet qui nunquam amavit*, au lieu de l'épithalame de Manlius et de Junie ! que les myrtes pleuvent dans les corbeilles ! donnez, donnez des lys à pleines mains ! Ma chère fille, délices du foyer, ma fille va devenir l'épouse de ce jeune homme que nous aimons !

Un cri de deux sexes ébranla les voûtes de la salle, et Belliol, au comble du délire, s'avançant vers M. Bonchatain, lui dit avec exaltation :

— Nous aurons deux mariages au lieu d'un ! Voilà une surprise ! Ma fille Léonie épouse M. Félix Davillet ; son père vient de me la demander en mariage, et il n'y a pas eu, de part et d'autre, une minute d'hésitation. On aurait dit que tout le monde était d'accord. Qui se serait douté de cela ce matin ?

Il y eut un croisement de félicitations et de caresses qui se prolongea jusqu'à l'heure où la voix de l'antiquaire appela tout le monde joyeux à la salle du festin.

Arthur, qui avait au front une visible auréole de bonheur, embrassa M. Bonchatain, et lui arracha un second sourire olympien avec cette citation :

Connubio jungam stabili, propriamque dicabo.

— Mon cher ami, dit Félix à Arthur en profitant d'une minute de liberté, si les dix autres pères de nos dix amis étaient aujourd'hui dans cette maison, nous enlèverions les autres mariages du même coup.

— Sois tranquille, dit Arthur, ce n'est que différé. Et le festin des fiançailles commença.

ÉPILOGUE

Un mois après ces fiançailles improvisées à la maison de campagne de l'antiquaire, je fus conduit par le hasard d'une invitation dans une soirée, au fond d'un quartier de Paris, dont le nom s'allie à des idées de négoce tranquille et de laborieuse obscurité. Un ami que je ne connaissais pas m'avait fait nommer, pour faire le quatrième, non pas dans une partie de wist, mais dans un congrès d'experts. Il s'agissait de juger la musique d'un opéra en un acte, œuvre d'une demoiselle de vingt ans.

Les trois autres experts, mes associés, appartenaient à la médecine et au barreau. On avait exclu les musiciens. Après la décision du jury, l'opéra devait être joué par de jeunes amateurs des deux sexes sur un théâtre de campagne, à Meudon, chez un quincaillier de la rue Saint-Martin.

S'il se fût agi de juger une tragédie grecque ou romaine avec un Arcas quelconque et un récit final, je me serais abstenu et récusé pour cause d'incapacité notoire et d'incurable prévention ; mais j'acceptai avec empressement un rôle de juré dans un examen d'opéra. Le numéro de la maison où je fus introduit était gravé deux fois sur l'enseigne d'un fabricant de lampes : j'étais chez un lampiste, et, si je n'avais pas remarqué l'enseigne, j'aurais deviné la profession tout de suite en entrant dans une salle qui semblait illuminée par une députation du soleil. Grâces à cet éclat artificiel qui ne coûtait rien au maître, et qui rallumait le jour, je distinguai sur la banquette de la première pièce une réunion de jeunes gens et de jeunes dames admirablement assortis. C'était un tableau d'intérieur plein d'élégance et de fraîcheur gracieuse. Les femmes surtout avaient une distinction, une aisance de maintien, une vivacité rayonnante, et d'admirables fantaisies de toilette qui me frappèrent d'abord. Les jeunes gens ternissaient bien un peu tout cet éclat féminin avec le funèbre costume noir que la mode éternise pour nous dans sa stupidité ordinaire ; mais ils avaient des gilets blancs à broderies et des visages enluminés de bonheur.

Le second salon formait un contraste frappant avec le premier : le type bourgeois et naïf y dominait en plein. Aux regards familiers et aux signes d'éventails échangés entre les habitants de ces deux pièces, on devinait que les parents étaient d'un côté, les enfants de l'autre, et que les premiers, avec leur bon sens naturel, s'étaient retirés assez loin pour ne pas compromettre, par des costumes taillés au hasard et des fronts gris ou chauves, les fraîches et radieuses splendeurs de l'autre salon. Je m'adressai à un médecin, mon confrère en expertise musicale, pour avoir quelques renseignements sur ce coin du monde parisien, et il me fit alors l'histoire que je devais écrire plus tard. On attendait un accordeur de piano qui n'arrivait pas, selon l'usage des accordeurs, et ce favorable retard me fit connaître tous les détails de la vie heureuse de ces familles.

— Monsieur, me dit le médecin, mon confrère, ces deux mariages en ont fait arranger dix autres, et ce n'est pas fini. Le bal de tant de noces a duré huit jours. Les amies de mesdemoiselles Belliol et Bonchatain étaient désespérées de les voir changer d'état et de ne pas s'élever comme elles. Ces jeunes personnes étaient belles aussi et riches ; les partis sont venus : on les a acceptés. Aujourd'hui toutes ces familles de millionnaires vivent ensemble : c'est un ménage de douze ménages. Les jeunes époux, médecins et avocats, ont abandonné les malades et les clients. Ils ont un nouvel état : ils se sont faits maris.

J'eus l'honneur d'être présenté à M. Bonchatain dans cette soirée musicale, et, pour obtenir un de ses sourires, je lui improvisai quelques distiques latins sur la circonstance. Il me fit la grâce de m'inviter au temple de ses dieux.

L'opéra fut ensuite reçu à l'unanimité.

P. S. Hier, vendredi 24 juillet 1846, à midi, avant d'aller à l'Hippodrome, je me suis arrêté au Louvre et dans les salles des statues ; j'ai rencontré M. Bonchatain, sa fille et son gendre. Ils sont abonnés à *la Presse*, m'ont-ils dit, et suivent leur histoire avec quelque intérêt. L'antiquaire regardait, dans une indignation muette, une statue de femme, ayant diadème au front, tenant une rame et debout sur un navire ; les draperies couvrent la moitié de son corps ; on lit sur le piédestal : VÉNUS OU THÉTIS.

— Ami poète, m'a dit M. Bonchatain, on rencontre de ces erreurs d'antiquaires à chaque pas dans le temple du Louvre ! Quand Vénus naquit de l'écume des flots elle était décente, car elle était nue, *nuda, decens*: elle n'avait ni robe lourde, ni galère sous les pieds, ni rame à la main, ni diadème au front.... Aucun de ces attributs ne peut aussi appartenir à Thétis, l'épouse de Pélée. Ce n'est donc ni Thétis, ni Cythérée ; c'est la statue de Cybèle, la mère des dieux, qui remonta le Tibre sur une galère d'Ostie à Rome.

— Oui, très-juste, lui dis-je ; vous avez raison, et le piédestal a tort.

Puis, m'adressant au gendre :

— Pourriez-vous me donner des nouvelles de l'officier bourgeois qui vous a joué de si mauvais tours, ici, au Louvre, avant votre hymen ?

— Ah ! l'excellent homme ! m'a répondu Arthur en riant ; c'est un bourgeois calme, chauve et ex-blond ; nous sommes, lui et moi, d'excellents amis. Son nom est Dorive, rentier, rue de Charonne. Je l'ai découvert ; je lui ai rendu une visite, et nous l'avons invité à mes noces. Il s'est confondu en excuses, et il a dansé un quadrille avec madame Arthur.

M. Bonchatain regardait toujours l'inscription : *Vénus ou Thétis*, et secouait la tête en croisant les bras.

— *Vivite felices quibus est fortuna peracta !* lui dis-je ; et, prenant congé de mes héros, je sortis pour méditer le *post-scriptum* de cette histoire vraie comme un roman.

FIN D'UNE CONSPIRATION AU LOUVRE

UNE COMMUNE

Un jour je demandai à un géographe quelques renseignements sur la Nouvelle-Zélande, parce que j'avais l'intention d'y aller fonder une colonie de gens heureux. Le géographe me répondit comme un livre :

« La Nouvelle-Zélande est une île coupée en deux par le détroit de Cook ; une moitié se nomme *Caënomove*, l'autre moitié *Tavaï-Poennamod*. Les naturels du pays sont belliqueux et adorent une idole de bois qui montre sa langue et n'a qu'une main : symbole de la parole et de l'action. Le pays pourrait être fertile, mais il ne produit rien ; on n'y récolte que des arêtes de poissons que la mer jette au rivage ; les naturels s'en servent pour armer leurs flèches à défaut de fer. »

Je demandai ensuite à ce géographe s'il connaissait le Plan d'Aups ; il me répondit négativement et acheva la Nouvelle-Zélande.

Le Plan d'Aups est une commune française. La France est le plus inconnu de tous les pays ; à peine s'il a été découvert par lady Blessington : les Français ne s'en mêlent pas. Depuis l'invention des paquebots surtout, la France est traversée par des nuées de voyageurs qui secouent la poussière de leurs souliers à chaque relais en mangeant un œuf et qui vont fouiller toutes les rides que la mer a creusées dans les rochers de l'Archipel.

Il est vrai que le Plan d'Aups ne fait pas beaucoup de bruit dans l'histoire, mais, sur la carte, son nom tient plus de place que Paris, et il aurait pu être remarqué par quelque voyageur amoureux de l'inconnu.

Ce fut par le plus grand des hasards que je découvris le Plan d'Aups.

Je faisais un petit voyage de touriste dans la Provence pour visiter les villes qui auraient pu exister si on les eût bâties ou si on ne les eût pas détruites. Je venais de méditer sur l'avenir de Bouc, le feuilleton de la presse parisienne s'en souvient peut-être, et, bien des années après, cette ville fabuleuse a occupé vingt discours à la Chambre à propos des chemins de fer. Ce qui m'a rendu bien orgueilleux, quoique personne n'ait cité mon feuilleton sur Bouc. Je découvris ensuite Taurentum, de l'autre côté du beau golfe de la Ciotat. Je n'ai rien écrit sur cette ville parce qu'elle existe moins que Bouc. Je méditai sur le rocher nu et le rivage désert qui ont vu passer Taurentum : c'est un beau spectacle ! Pas un souvenir, pas une pierre, pas une ruine ! Tout a disparu. Seulement, quand la mer est calme, on vous montre au fond de l'abîme des massifs d'algues vertes qui recouvrent depuis douze siècles une tour de briques renversée, dit-on, dans un jour de colère par un soldat de Narsès, ennemi de l'empereur Justinien. Ce soldat se vengeait comme il pouvait.

M'entretenant avec les souvenirs de Taurentum, je traversai une plaine immense et triste comme tout ce qui est plaine ; à l'horizon il y avait une longue chaîne de montagnes : c'est l'aqueduc naturel qui conduit les eaux vives des réservoirs du mont Cassien aux charmantes forêts de Géménos La chaîne franchie, on marche une heure au grand soleil dans un vaste champ semé de pierres, et l'on arrive au Plan d'Aups.

Le Plan d'Aups serait un village s'il comptait au moins trois maisons. Depuis les premiers jours de l'ère chrétienne les maisons se sont obstinées à fuir le Plan d'Aups avec un acharnement mystérieux. Saint Maximin, le contemporain de Madeleine pénitente, a fondé le Plan d'Aups comme on fondait en ce temps-là : il bâtit une église et poursuivit son chemin vers la Sainte-Baume. Cette église, cent fois démolie et rebâtie, s'élève encore, dans son isolement sauvage, sur une crête de rochers taillés en remparts, comme à l'époque de saint Maximin.

C'était un dimanche ; j'arrivai sur la place de l'église ; le curé s'y promenait son bréviaire à la main. Nous entrâmes tout de suite en conversation, comme on fait entre chrétiens dans un désert. Ce vieux et bon prêtre parlait le provençal des *Gavots*, peuple inconnu à Malte-Brun ; il était riant et gai comme un jeune peuplier au bord d'une source ; il n'avait pas l'air de se douter qu'il existât un genre humain. Sa première question fut celle-ci :

— Savez-vous servir la messe ?
— Parfaitement, lui répondis-je.
— Eh bien ! vous me la servirez ?
— Volontiers.

Cet acte de complaisance qu'il exigeait de moi était nécessité par l'absence complète de paroissiens.

Le bon curé sonna sa messe lui-même, pour réveiller, aux limites des quatre horizons, ses paroissiens lointains et endormis. La cloche de l'église était autrefois d'une dimension raisonnable, mais elle avait été si souvent volée pour les besoins des faux-monnayeurs qu'à force de dégénérer de son poids primitif elle se voyait réduite aux proportions d'une sonnette parlementaire. Aussi les hirondelles du clocher ne prenaient pas la peine de quitter leurs nids quand elle se démenait dans l'air. Le curé sonnait donc pour la forme et pour mettre sa conscience en repos. L'appel fait à trois reprises, il allongea les quatre compartiments rouillés d'un porte-vue pour distinguer les paroissiens perdus à travers les vallons, les ravins, les précipices que la nature a prodigués dans la commune du Plan d'Aups.

Il est facile de découvrir ainsi la vingt-septième planète microscopique, mais un agriculteur du Plan d'Aups n'est pas visible à l'œil nu ou à la lunette dans un beau dimanche d'été. Probablement les Tityres de ce pays suivent les préceptes des *Géorgiques* à l'endroit des jours de fêtes : ils *tendent des pièges aux oiseaux* et incendient les *buissons épineux* :

<small>Insidias avibus moliri, incendere vepres</small>

Ce que les écoliers étourdis traduisent par : *brûler les Vêvres le dimanche*. L'abbé Delille a donné, je crois, la même traduction.

Le plateau stérile sur lequel s'élève l'église du Plan d'Aups resta désert jusqu'à cinq heures du soir. On voyait le soleil s'incliner derrière les montagnes qui bordent le vallon des Signores, et le bon curé interrompait souvent la lecture de son bréviaire en disant :

— C'est incroyable ! On dirait que je suis dans la Thébaïde, comme Macaire et Paul.

Je n'osais m'éloigner, croyant de mon devoir de tenir compagnie à ce bon curé.

Enfin je vis venir un habitant du Plan d'Aups. C'était un homme de trente à soixante ans, bruni, ou pour mieux dire noirci par le soleil ; son costume annonçait un berger ; il portait même à sa ceinture un chalumeau composé selon les principes du dieu Pan et un pistolet d'arçon à pierre ; un chien maigre le suivait comme pour prouver aux incrédules qu'un troupeau n'était pas loin.

Je cherchai le troupeau dans le voisinage et dans le lointain et je ne vis qu'un pâturage désert comme tout le reste de l'horizon. Un voyageur qui descendrait d'un aérostat au cœur de l'Afrique, entre les huttes d'Adhel et le lac des Makidas, verrait le pendant du tableau que j'avais sous les yeux. Et pourtant je foulais le sol d'une des trente-sept mille communes de France ; le Plan d'Aups est cadastré sérieusement et paye proportionnellement ses contributions comme la commune de Marseille ou de Bordeaux. Où sont les contribuables ? Ah ! voilà le mystère que personne n'a jamais pénétré ! L'ivraie indigente et les pailles stériles dominent seules les terres du Plan d'Aups.

<small>Infelix lolium et steriles dominantur avenæ.</small>

Le curé poussa un cri de joie en voyant le berger, et, s'avançant d'un pas rapide, il le salua respectueusement et lui serra la main.

Le berger reçut ces témoignages de vénération et d'amitié avec un certain air de dignité qui me surprit.

Je n'aurais pas été sans doute étonné si ce berger eût été un de ceux qui autrefois disaient avec orgueil :

Mille de mes brebis errent dans les montagnes de la Sicile.

Mille meæ Siculis errant in montibus agnæ.

Mais le Corydon que j'avais sous les yeux ne portait pas même une houlette, et son pistolet unique ressemblait plutôt à une arme de panoplie qu'à une arme de défense contre les loups ravisseurs qui n'avaient plus rien à lui ravir : *lupi raptores.*

Après un court et discret entretien le berger s'achemina lentement vers l'une des deux maisons qui composaient alors le village, capitale du Plan d'Aups ; son chien jeta un regard mélancolique du côté des pâturages, comme aurait fait le serviteur Caleb, pour faire croire à un étranger qu'il y avait un troupeau lointain au vert, et, cette satisfaction donnée à un amour-propre fort naturel chez un chien, il répondit au sifflet de son maître et le suivit.

Le curé mit un signet à la page de *Laudes* de son bréviaire et me dit d'un ton très-sérieux :

— C'est monsieur le maire.

Je me retournai vivement, avec la certitude que j'avais un magistrat sur mes talons, et je ne vis rien. Il n'y avait aucune ironie de ma part dans ce mouvement, il était naturel.

Il ne comprenait rien d'ailleurs à cette figure de rhétorique nommée ironie par Domairon et Lebatteux.

— Nous avons ce soir séance du conseil municipal, ajouta du même ton le bon curé.

— Ah ! dis-je comme un écho poli, une séance de conseil municipal !

— Nous en avons une, reprit le curé, tous les premiers dimanches du mois, après Vêpres. Ce soir nous aurons une séance intéressante.

J'attendais toujours un sourire railleur sur la figure du curé, mais il gardait imperturbablement un ton grave. Je compris alors qu'il ne fallait pas plaisanter, et je mis mon sérieux sur les mêmes lignes que le sien.

Puis tout à coup une réflexion philosophique traversa mon cerveau.

— Si les habitants de Jupiter et d'Uranus, pensai-je, voyaient et écoutaient de là haut nos plus grandes assemblées législatives, ils riraient à faire trembler la voûte de leur ciel.

Dès ce moment la gravité du curé ne me donna aucune gaieté intérieure. Qui sait ! me dis-je ; peut-être cet anachorète du Plan d'Aups, ce Pacôme de cette Thébaïde, ce vieillard chrétien et observateur qui, toutes les nuits, voit rouler sur sa tête, dans un ciel toujours pur, les grandes constellations de Dieu, a fait cette réflexion avant moi, et, à force de contempler l'infini, ce sage philosophe, inspiré par Salomon, ne fait aucune différence entre le cèdre et l'hysope, entre le ciron et l'éléphant. C'est lui qui a raison, c'est moi qui ai tort ; ne rions plus. Craignons les représailles des habitants d'Uranus. Ils ont peut-être inventé des instruments d'acoustique pour entendre ce qu'on dit à la chambre des Pairs de Charles X. Nous qui n'avons que cinq sens mesquins, une taille d'un mètre et de très-petits yeux, nous avons bien découvert les étoiles doubles et les anneaux de Saturne ; que ne peuvent-ils donc faire les géants d'Uranus et les colosses de Jupiter, qui ont trente-quatre ans lorsqu'ils sortent du berceau ?

— Nous attendons encore trois conseillers, me dit le curé, qui était heureux de continuer la conversation : M. Chapuzat, M. Simaï, et M. Chevassu de Ginier.

— Vous avez de la noblesse dans le conseil ? demandai-je ingénument.

— Non, reprit le curé avec son premier sourire. Nous appelons M. Chevassu de Ginier pour le distinguer de M. Chevassu de Naus. Ginier est le nom d'une fontaine qui fournit une eau très-fraîche ; elle coule là bas sur la lisière du bois de la Sainte-Baume.

Je m'inclinai devant cette explication.

— Notre maire, que vous venez d'apercevoir un instant, poursuivit le curé, préside le conseil et le préside très-bien. C'est un homme plein de bon sens et d'honnêteté. Il est à son aise ; cette maison lui appartient jusqu'au cordon du premier étage, le second appartient à l'hoirie Jausseau. Cet immeuble s'est vendu cinq cent soixante francs en 1815 ; il vaut bien cent francs de plus aujourd'hui. Le maire possède encore quinze bonnes chèvres et deux béliers, un petit carré de pommes de terre et six mûriers qui font des mûres grosses comme des noix et rouges comme du sang ; mais son plus beau revenu est une étable où viennent se remiser tous les bestiaux qui passent une nuit au Plan d'Aups en se rendant de Toulon à Marseille ; il y a un droit de nuit par tête. L'an dernier cette étable a rendu à M. le maire cinquante-quatre francs.

Le curé secoua la tête avec fierté en accusant cette somme énorme.

Je pensai aux millionnaires de la planète de Jupiter, qui ont des mines d'or dans leurs caisses et feraient l'aumône à Rothschild si par hasard il traversait le firmament pour aller demander à Dieu le rétablissement du temple de Jérusalem.

Bientôt nous vîmes arriver les trois conseillers municipaux retardataires : c'étaient aussi trois bergers, mais sans pistolets et sans chalumeaux. Ils avaient l'air de porter dans leurs fronts le souci des affaires de l'univers, et le plus âgé des trois semblait préparer les arguments d'un violent discours d'opposition.

Le curé me le désigna en disant :

— C'est un forte tête celui-là, mais il nous fait bien du mal.

Notez bien que jamais le bon curé ne faisait aucune allusion aux villes voisines et aux affaires du monde ; il semblait que rien n'existât en dehors de la commune du Plan d'Aups. L'univers se concentrait là : en marchant deux lieues à droite ou à gauche on trouvait le néant.

Je demandai au curé s'il me serait permis, en ma qualité de voyageur, d'assister à cette mémorable séance du conseil municipal, et, sur la réponse affirmative, je me laissai conduire dans la salle où devaient s'agiter des débats si impatiemment attendus par l'univers du Plan d'Aups.

La salle du conseil n'avait que trois murs, le quatrième ayant été abattu pour donner du jour et servir de fenêtres ; les fauteuils étaient représentés par des faisceaux de ceps de vignes et des sacs de sésame. Le curé m'offrit un de ses sièges et je choisis le plus doux.

Le berger, président, se donna la parole et posa la question à l'ordre du jour.

— Messieurs, dit-il en pure langue provençale, depuis que le village du Plan d'Aups existe, c'est-à-dire depuis l'arrivée de saint Maximin à la Sainte-Baume, on demande à la commune un petit réservoir en pierre de Cassis ou autre pour abreuver commodément les bestiaux. Nous n'avons ici qu'un filet d'eau qui sort de la terre et se perd dans toutes les fentes d'un terrain d'argile. Voilà où les pauvres bestiaux sont obligés de boire. Les chèvres qui sont très-délicates, comme vous savez, mouillent à peine leur langue et ne se désaltèrent pas ; il en meurt souvent de la maladie nommée *la pépie* par nos anciens, et une chèvre morte, vous le savez, est une perte de quinze francs. Il faut donc remédier à cela et voici ce je vous propose : nous porterons au budget communal une somme de vingt-deux francs pour acheter une pierre ; je me charge, moi, de la creuser et de l'assujettir devant la petite source avec du ciment sans chaux. Nous économiserons ainsi la chaux et la main d'œuvre. Je crois qu'une proposition aussi raisonnable ne trouvera que des partisans dans le conseil.

Le curé me fit un signe qui voulait dire : — Ça sera chaud, nous allons bien nous amuser.

Après un court silence, le berger Chapuzat demanda la parole ; il formait à lui seul le côté gauche et représentait l'opposition.

Il se leva et prononça un discours incendiaire qui dura une heure. Ma mémoire a gardé sa péroraison et je puis la citer avec sûreté, comme je fis un jour à Rome, dans les ruines du temple de la Concorde, en récitant de souvenir toute la première Catilinaire de Cicéron.

« Vous voulez donc ruiner la commune du Plan d'Aups par des dépenses folles ! s'écria M. Chapuzat d'une voix de mistral ; vous voulez mettre les contribuables sur la paille ! Vingt-deux francs pour un réservoir ! Entendez le cri déchirant qui partirait des chaumières si nous consentions à voter cette dépense. Et encore si ce réservoir servait à tous les bestiaux de la commune ! Mais non, vous avez la fontaine de Ginier, vous avez la fontaine des Platanes, vous avez la fontaine des Baux de Bretagne ! Mais les bestiaux de M. le maire ne peuvent pas aller boire si loin ! Voilà la question ! Cette dépense ne profitera qu'à M. le maire ; ce réservoir ne servira qu'à abreuver M. le maire. »

Ici les éclats de rire interrompent l'orateur ; le curé se voile la face de son mouchoir ; le maire seul garde une gravité digne et se croise les bras. M. Chapuzat laisse éteindre cette hilarité parlementaire et termine ainsi :

« J'ai mis le doigt sur la plaie et je m'en félicite dans l'intérêt de la commune ; nous ne pouvons pas loyalement voter des fonds pour enrichir M. le maire, qui est assez riche déjà, et qui peut, de ses propres deniers, faire un abreuvoir pour ses chèvres si cela lui convient. L'argent des contribuables est sacré ; nous n'y toucherons pas dans cette occasion, et nous saurons remplir notre mandat communal. Je vote pour le rejet. »

Le curé se tourna de mon côté, me regarda et me fit le signe qui veut dire :

— Eh bien ! comment trouvez-vous cet orateur ?

Je levai les yeux au plafond, j'étendis les bras horizontalement et je poussai une exclamation, sourde pantomime de l'enthousiasme inarticulé.

Le maire dédaigna de se justifier et mit aux voix sa proposition immédiatement, faute énorme qui frappa le curé, bien qu'il ignorât les habitudes parlementaires. On ne vote jamais après un discours de l'opposition, en Angleterre : ce serait trop dangereux pour le gouvernement. J'ai vu, à la chambre des Communes, M. Léaders, après un discours de six heures, être réfuté par le lord de la Chancellerie qui prolongea son apologie jusqu'au lever du soleil et emporta le succès du bill. Le curé devinait donc par instinct cette forme de discussion.

« Que ceux qui sont d'avis d'adopter la proposition se lèvent, » dit le maire en conservant sa dignité jusqu'au bout.

Quatre conseillers restèrent assis. Le maire seul se leva : on n'était que cinq.

M. Chapuzat fut félicité par ses trois collègues et reçut son ovation avec une modestie pleine d'orgueil, selon l'usage des triomphateurs.

Le maire n'eût pas l'héroïsme de contenir plus longtemps sa colère ; il saisit son chalumeau et le brisa comme du verre ; il est vrai que les diverses parties de cet instrument étaient jointes avec de la cire.

Pan primus calamos cera conjungere plures.

A la vue de ce désespoir bien légitime, le curé, qui aimait pourtant l'opposition, fut attendri, et il me fit signe qu'il allait offrir quelques consolations d'amitié au magistrat vaincu.

— Eh bien ! lui dit le maire, vous voyez ce qui arrive à un honnête homme lorsqu'il veut faire le bien du pays ! Vous le voyez ! Chapuzat n'est au fond qu'un jaloux ; il a mangé toute sa fortune au cabaret de Naus et il voudrait prendre ma place. Mais c'est un fainéant lui, un bon parleur, et voilà tout. Moi j'ai gagné ma fortune à la sueur de mon front. Voilà un pistolet qui le dirait s'il savait parler. J'ai passé plus de mille nuits sur le mont Cassien, et à la belle étoile, ce pistolet à la main, pour faire feu sur les loups quand ils venaient rôder autour de mes oves. Le croiriez-vous, monsieur le curé, jamais il ne m'a manqué une corne, jamais, le matin à l'appel ; et voilà comme on s'enrichit ! Mais Chapuzat passe toutes ses nuits à jouer à la *cadrette* ; il a perdu du samedi au dimanche onze sous : c'est Josseran qui me l'a dit. Où avait-il pris ces onze sous ? Il n'a rien depuis Pâques : on dit même qu'il a fait un trou à la caisse du saint Pilon.

Le curé recula d'horreur et joignit ses mains. Il s'agissait d'un sacrilège ! La chapelle du saint Pilon est au sommet de la montagne de la Sainte-Baume ; elle est toujours fermée, excepté le jour de sainte Madeleine ; mais sa porte est à claire-voie, et les pèlerins qui vont jusque-là faire leurs dévotions peuvent y déposer en passant une pièce de monnaie comme dans un tronc.

J'étais à l'écart et j'assistais de loin à la désolation de ce pauvre maire et au triomphe de Chapuzat. Insensiblement je prenais un intérêt sérieux à cette scène microscopique, et ce qui m'avait paru ridicule trois heures auparavant prenait de graves proportions et s'élevait à la hauteur d'un événement historique. Je finis par me mêler à ces débats, sans y trouver le moindre côté risible, et je compris même que, si je me faisais naturaliser citoyen du Plan d'Aups, je me donnerais, au bout de quinze jours, les mêmes joies, les mêmes douleurs, les mêmes ambitions.

Où est le petit, où est le grand ici bas ? Lisez *Cosmos*, de Humboldt, et vous serez bientôt tous de l'avis de M. le curé du Plan d'Aups : vous prendrez autant d'intérêt au discours d'opposition de M. Chapuzat qu'à la première Catilinaire de Cicéron.

CE QU'ON VERRA

I

Bastien, préfet du département de Bonne-Espérance, donna la bénédiction à son fils Michel et lui dit :

— Tu as vingt-cinq ans ; tu possèdes deux mines d'ivoire fossile dans le Val de Dembo ; tu es inspecteur honoraire du chemin de fer électrique africain ; il faut donc voyager pour t'instruire, et te marier pour être vertueux. Sois béni !

Un instant après Michel, suivi de son aide fidèle Dorinval, était à la gare de la ville du Cap, limite de la France. Nous sommes au 15 juin 3845.

Les deux voyageurs avaient le costume du jour : un dolman crêpe de Chine, une braie à mille plis, un feutre doux à larges ailes et orné d'une plume de touraco, le tout conforme à la dernière gravure du *Journal des Modes* de Paris.

L'orchestre à vapeur, placé à la proue du convoi électrique, exécuta la fanfare de l'opéra d'Adamastor, du maître chinois Pé-tré-li, et le convoi partit comme une flèche lancée par un arc en bois de fer.

Hâtons nous de dire que la ligne africaine qui traverse la France méridionale du Cap de Bonne-Espérance à Alger est la meilleure ligne du monde. La vitesse moyenne est de huit cents *kils* à l'heure. On disait *kilomètres* autrefois ; mais, comme l'a remarqué l'illustre mathématicien Hopeï : *Notre vie est trop courte pour nous servir de mots longs.*

Le même savant a démontré que, dans ce siècle de voyages, un homme âgé de quatre-vingts ans avait perdu dix ans de sa vie en disant *kilomètre*, mot devenu si usuel. Les sages Chinois comptent la distance par *li*, de temps immémorial.

Le convoi de la ligne africaine emporte au vol de l'électricité dix mille voyageurs. Un joli corridor édredonné le traverse dans toute sa longueur et communique, par intervalles, à diverses pièces reconnues indispensables : une salle de bains, un théâtre de vaudeville, un salon de jeu, un cabinet de lecture, une bibliothèque, un dortoir, un restaurant, un café. On y trouve aussi deux bazars de toilette où les voyageurs et les voyageuses trouvent toutes sortes de vêtements et de choses nécessaires, ce qui dispense d'apporter, comme autrefois, ces lourds bagages nommés malles, caisses ou cartons.

En se promenant dans le corridor Michel aperçut une jeune fille d'une beauté rare, et, l'amour étant le plus doux des remèdes à l'ennui des longs voyages, il en devint électriquement amoureux : les passions à la vapeur étaient autrefois si lentes, hélas !

Cette voyageuse se nommait Himalaïa. Elle voyageait seule, selon l'usage des jeunes demoiselles de haute condition, mais elle était, selon l'usage aussi, placée sous la protection de tous les vieillards du convoi, ou, comme on dit, du sénat mobile. Malheur à qui oserait donner la moindre alarme à une femme isolée en voyage ! Il serait abondonné seul et sans moyens d'existence au milieu du désert de Dembo, où rôdent encore les dernières panthères et les derniers lions.

La Société des économistes de Lupata, qui a rendu de si grands services à l'humanité universelle, a fait surtout un excellent usage de son autorité souveraine lorsqu'elle a placé la femme sous la protection de tous, et qu'ensuite elle a pris les mesures les plus ingénieuses et les plus morales pour populariser le mariage et supprimer le célibat. Ces sages législateurs ont très-bien compris que, dans l'état actuel de la civilisation, le célibat était un fléau plus terrible que l'antique peste dont parlent les historiens. Empêcher de naître est un homicide en masse commis par la société. En 1857, par exemple, quand le globe était à peu près désert et ne faisait aucun effort pour se peupler, le célibat pouvait être une profession admise, une sorte de pachalik chrétien ; mais aujourd'hui c'est autre chose : il a fallu peupler et assainir notre belle colonie de Madagascar, grande comme l'ancienne France des quatre-vingt-six départements ; il a fallu peupler les vastes déserts africains, fécondés par la canalisation des fleuves, et les vieux domaines habités par les bêtes fauves, depuis le pays des Hottentots jusqu'à l'Atlas. Cet immense travail ne pouvait être confié à des célibataires. Toute excuse d'ailleurs a été enlevée à ces frelons des civilisations antiques ; nos opulentes Compagnies des chemins électriques, en assurant des concessions de terrains et des dotations en argent aux mariages pauvres, ont fait du célibat un vice impossible en 3845.

Ainsi le relâchement des mœurs chez les anciens a retardé de vingt siècles les progrès de la véritable civilisation. Un savant du Cap, le croirait-on ? a découvert un opéra-comique joué, il y a deux mille ans, devant des familles honnêtes, et dans lequel on chantait ceci :

> J'ai longtemps parcouru le monde,
> Et l'on m'a vu de toutes parts
> Courtiser la brune et la blonde,
> Aimer, soupirer au hasard !

Et dans un autre opéra, miraculeusement découvert cet autre chant :

> Enfant chéri des dames,
> Je fus, en tout pays,
> Fort bien avec les femmes,
> Mal avec les maris.

Bien plus, le même savant offre de prouver que, sur le premier théâtre du monde antique, un nommé Robert livrait une jeune et jolie vassale à cinquante chevaliers chrétiens, en leur disant :

> Chevaliers, je vous l'abandonne !

Et ce vers était applaudi dans la salle de l'Opéra par une multitude de chevaliers.

Quelle époque ! Quelles mœurs !

Aussi le globe était peuplé de déserts.

Rentrons dans le convoi africain pour étudier et admirer nos mœurs modernes et nous enorgueillir du progrès.

II

Michel cueillit une fleur de lavantera, dans le jardin du convoi, et l'offrit respectueusement à la jeune fille, qui l'accepta.

L'acceptation signifie, comme on sait, que la jeune fille a la main libre et que le jeune homme devient un fiancé. Après cette courte et décisive cérémonie, si le fiancé volontaire ne se mariait pas dans huit jours, il serait condamné à dix ans de Zanguébar, où les célibataires séducteurs défrichent les jachères, à la sueur de leur front. Dans l'antiquité il y avait un être qu'on nommait un *rival;* l'espèce est à peu près disparue. Aujourd'hui, si un rival osait troubler d'heureuses fiançailles, il serait condamné à découvrir trois nouvelles planètes dans le système de l'étoile Sirius. Notre Code veut, avec raison, que toute condamnation tourne au profit de la société, puisque le délit a tourné à son dommage.

Le convoi arriva bientôt à la superbe station de Lupata.

Cette ville, qui n'a pas cinq siècles d'existence, est parvenue au dernier degré de la prospérité. Au lieu d'être entourée de remparts comme les villes antiques, ce qui ne servait qu'à les faire prendre, Lupata est décorée, sur toute sa circonférence, d'une galerie large, haute et pleine de fraîcheur ; la montagne voisine, appelée sur les cartes l'Artère du monde, a fourni les pierres de cet immense portique circulaire, qui sert de promenade aux vieillards. Les canaux d'eau vive et les grands arbres rafraîchissent toutes les rues ; les maisons, bâties sur le même niveau de hauteur, ont un jardin, une salle de bains et une fontaine. On trouve aussi à Lupata quatre collèges, ou, pour mieux dire, quatre squares, ombragés de hauts sycomores, arrosés par des pièces d'eau et meublés de bancs de gazon. La municipalité fait les frais de l'éducation publique. Il n'y a pas de professeurs. Les élèves de la dernière année enseignent le français, l'anglais, l'allemand, l'italien, mais sans livres et sans dictionnaires. On apprend ces langues en jouant, en courant, en nageant, car il y a, dans chaque collége, des enfants de tous les pays, et ce sont les vrais bons professeurs, ceux-là. Quand un père de famille ambitieux, et égaré par l'histoire ancienne, veut faire de son fils un poëte ou un homme lettré, il lui donne, à ses frais, un savant grec et latin. Les galères de l'enfance sont ainsi supprimées à Lupata.

De cette ville le jeune Michel envoya, en son nom et au nom de sa fiancée, une dépêche électrique aux deux familles, pour demander leur consentement au mariage. C'est une simple formalité respectueuse. La réponse fut immédiate et affirmative comme toujours. *Un mariage ne saurait être accompli trop tôt*, a écrit le sage législateur Beny.

Le soir de ce jour, le mariage de Michel fut célébré à l'hôtel de ville de Lupata, dans la salle des voyageurs, et les deux époux reprirent aussitôt le convoi d'Alger et de Paris, en se jurant une fidélité éternelle. Michel déclara son amour à sa femme en termes calmes et raisonnables, ce qui fait croire à la progression. L'amour, autrefois, commençait par la *stretta* et finissait par *l'andante*. Autre progrès de la véritable civilisation.

A la station de Tombouctou Michel et sa femme descendirent du convoi pour admirer la porte triomphale de cette grande ville et lire son inscription.

Le latin a été banni du style lapidaire; toute inscription est faite en français, ce qui permet à tout le monde de la comprendre. Autrefois on gravait des énigmes latines sur les monuments.

On lit cette simple phrase sur la porte de Tombouctou :

A la mémoire de Noël Soggeron, qui a vaincu les bêtes fauves de la forêt de Kaïsna, les a détruites dans une seule bataille, et a changé la forêt en jardin.

Les héros modernes ne reçoivent de pareils honneurs que pour des services pareils. Jadis il fallait tuer beaucoup d'hommes, appelés ennemis, pour mériter une inscription et un monument.

Après une halte de cinq minutes le convoi s'est envolé vers le grand souterrain de l'Atlas; œuvre merveilleuse, accomplie avec la vrille électrique, et dans l'espace de cinq ans.

Ce souterrain est éclairé *a giorno* par le *lively lite*. Un orchestre exécute les symphonies de Banton-Saïb, surnommé le Rossini de l'Inde. Cette trilogie mélodieuse est connue sous ces trois noms : *la Vague de Ceylan; — les Amours des fleurs et des palmiers; — la Noce du Brahmine*. Autrefois les voyageurs entendaient retentir dans les souterrains un sifflet criard et furieux, qui déchirait les oreilles et jetait la terreur dans les âmes. Cet affreux sifflet a tyrannisé l'ouïe humaine pendant dix siècles. Que de temps il faut pour opérer le bien dans ses moindres détails, et faire agréable notre vie si courte !

Le convoi s'arrête deux heures à Alger, chef-lieu du département de la Méditerranée. Alger mérite son surnom, *ville du ciel*. Rien n'égale la magnificence de ses palais qui bordent la mer, de ses jardins qui couronnent ses palais, de ses forêts de palmiers qui dominent ses jardins. La nature et l'homme se sont associés pour matérialiser, dans cette ville, le rêve du bonheur et le rendre sensible aux yeux. Les noms des rues semblent inviter les voyageurs au repos; on lit aux angles : rue de la Félicité, de la Tendresse, de l'Amour, de la Joie, du Sourire, du Bonheur, de la Fraternité, du Mariage, de la Douceur, du Doux-Sommeil, et autres du même genre.

Un archéologue d'Alger, le savant Ben-Aïssen, d'origine arabe, a découvert qu'autrefois on donnait à des rues des noms comme ceux-ci : *du Petit-Hurleur, aux Ours, de la Tixeranderie, des Vieilles-Écuries, du Chat qui pêche, Taitbout, Coquenard, Buffault, Cadet, Bleue, Ribouté, Verdelet, Pagevin, Tiquetonne*, bien d'autres encore; et on ajoute que les propriétaires trouvaient des locataires assez prosaïques pour payer des loyers fort chers dans les rues qui portaient ces noms. L'antiquité avait pourtant une chose qu'on appelait *Académie des Inscriptions*. Que faisait cette académie ? Ce mystère n'est pas arrivé jusqu'à nous avec son mot.

C'est au grand bazar d'Alger que madame Michel acheta sa première toilette de mariée : une robe de crêpe chinois, accusant la vérité dans tous ses plis et sur toutes ses coutures; un fichu avec deux petites ailes de gaze, et un chapeau de plumes de perruches avec une plume de colombe brochant sur le vert; c'est le signe distinctif des femmes mariées : il invite au respect.

Un pont de léviathans unit Alger à Marseille. Quel progrès depuis les ponts de bateaux du Rhin ! Kehl, Coblentz, Mayence n'osent plus parler de leurs ponts aujourd'hui, et pourtant on les avait jugés impossibles avant leur invention. Le mot impossible est descendu au tombeau avec sa sœur la routine.

L'embarcadère du pont de léviathans est au cap Serrat. Son second point d'appui est à l'île Galita; le troisième est au cap Toulada, sur la pointe sud de l'île de Sardaigne. On traverse ensuite la Sardaigne dans toute sa longueur en chemin de fer ordinaire jusqu'au détroit de Bonifacio; là on est en Corse; on la traverse jusqu'à son cap nord, où on retrouve le second pont de léviathans qui aboutit à Marseille. Ce magnifique travail, protégé sur ses deux côtés par des brise-lames indestructibles, a été terminé en vingt-cinq ans : moins qu'une seconde sur l'horloge de l'éternité.

À la station d'Oristano, en Sardaigne, des artistes italiens montèrent dans le convoi, pour donner un concert à quarante francs le billet ; c'était donc comme un concert gratuit : il y avait foule. L'illustre ténor Belleverini, de Florence, chanta la belle cavatine de l'opéra qui fait en ce moment fanatisme en Europe : *la Vie du Colibri*. Ce grand artiste est doué d'une voix très-faible, mais qui convient à la musique moderne par sa ténuité merveilleuse et sa méthode incomparable. On ne l'entend presque pas et on est plongé dans l'extase, et l'enthousiasme n'a plus de bornes lorsque l'artiste termine la *cabalette* avec la bouche fermée, *bocca chiusa* : c'est le prodige de l'art. Belleverini est âgé de quatre-vingt-huit ans.

Pendant le concert, un jeune homme exerçant la profession de poëte ne prêta aucune attention au ténor et tint constamment ses yeux fixés sur madame Michel, sans avoir le moindre respect pour la plume de colombe que la jeune mariée portait à son chapeau.

Michel, qui ne regardait que sa femme, selon l'usage des maris, ne pouvait remarquer le crime du poëte, mais la femme eut trois moments de distraction, et elle surprit trois fois les yeux du criminel.

A la fin de la cavatine, elle profita du murmure universel d'enthousiasme pour dire à son mari ces simples paroles :

— Ce jeune homme, qui est habillé à la grecque et qui tient une lyre, m'a regardée trois fois avec des yeux doux.

— Est-il possible ! s'écria le mari ; et dans quel siècle vivons-nous !... Peut-être est-ce une erreur.... Je veux moi-même surprendre le crime au passage ; ayons l'air de ne rien remarquer.

Au même instant, le baryton Musignano, le premier artiste du théâtre italien des Batignolles, se mit à chanter le grand air du *Barbier de Séville* de Rossini, et, dès la première mesure, le poëte coupable laissa de nouveau tomber ses regards sur le front pur de la jeune mariée. Michel prit ses deux voisins à témoin du forfait. L'un de ces vieillards leva les yeux vers le plafond, et dit avec tristesse : — Voilà ce qu'on n'aurait jamais vu de mon temps ! Un siècle pervers commence ; mieux vaut mourir qu'assister à la dépravation de l'avenir !

L'autre vieillard n'eut pas la force d'exprimer son indignation ; il était anéanti.

On entrait en Corse par le pont San-Bonifacio. Il parut urgent de convoquer le sénat mobile, pour juger le coupable avant d'aborder le sol de cette antique France, où, depuis quinze siècles, la vertu règne sur toutes les lignes de chemins de fer. Les pères se sont ennuyés six mille ans avec le vice ; les fils ont eu l'heureuse idée d'essayer la vertu, et ils s'en trouvent bien.

Le jeune poëte comparut devant le sénat, et, ayant entendu la foudroyante déposition des deux vieillards, il commença ainsi son plaidoyer :

> Je ne suis pas de ceux qui parcourent le monde,
> Soupirant au hasard, pour la brune ou la blonde,
> Je ne suis point de ceux...

Le président l'arrêta court, en lui ordonnant de parler français, comme tout le monde, et de renoncer à ce jeu puéril des rimes, qui est le libertinage de l'oreille et l'ennui du cœur.

Le jeune poëte s'inclina et commença le développement d'une longue théorie dans laquelle il essaya de prouver que la musique et le chant arrivaient à toute leur puissance quand on les écoutait en regardant une jolie femme inconnue.

— Vous n'avez pas d'autre excuse à faire valoir pour vous justifier de votre attentat ? lui demanda le président d'un ton sévère.

— Il me semble que celle-là suffit, répondit l'accusé.

Un murmure d'indignation courut dans l'auditoire. On pressentait une rigoureuse condamnation.

III

En ce moment on arrivait à la gare maritime de Marseille. C'est un immense péristyle en marbre de Carrare, avec quatre colonnades appartenant à l'ordre des Grâces, et un attique superbe orné de cette inscription : *Porte de l'Univers*. Tout le golfe est un port où trente mille vaisseaux, à hélice électrique, sont à l'ancre, et à l'abri des vents. La prison est bâtie sur l'éminence de la Joliette à Mirésipolis. C'est une vaste enceinte, où les prisonniers contemplent cette belle Méditerranée qui inspire le calme, la méditation, le recueillement. On y trouve de vastes jardins entretenus par le canal de la Durance ; des ateliers de tout genre ; des laboratoires de chimie ; une bibliothèque universelle ; un observatoire, avec deux télescopes de Steinbach et leurs lentilles démesurées, qui réduisent le vieux instrument d'Herschell aux proportions d'une lorgnette d'opéra. On peut dire que Steinbach a ouvert le ciel avec sa découverte. Déjà la lune est notre faubourg.

Le jeune poëte fut condamné à la prison et au mariage.

— Jeune homme, lui dit le président, vous redeviendrez libre quand vous aurez, par le travail, fait une découverte utile à la société. La prison de Mirésipolis est pourvue de toutes les ressources nécessaires au génie inventeur. Pensez et trouvez.

Le condamné remercia, en mettant la main sur son cœur, et se rendit seul à la prison, où le geôlier le reçut avec tous les égards dus au courage malheureux.

Le convoi s'arrêta une heure à Marseille et repartit pour Paris ; mais le galant Michel dit à sa femme :

— Nous prendrons, nous, le convoi de demain, et aujourd'hui nous visiterons cette antique ville, fondée par les Phocéens, il y a quatre mille cinq cents ans.

Les deux époux voyageurs descendirent à l'hôtel de Madagascar, un hôtel grand comme une ville, et occupant toute la longueur du vieux port. On peut dire que Marseille est un hôtel garni et un café ; c'est le caravansérail du monde. Les bourgeois, les rentiers, les oisifs habitent la ville du Prado, celle qui couvre des collines et qui borde le golfe de Montredon, les rives de Bonneveine et du Roucas-Blanc. La population des trois villes s'élève à deux millions d'âmes, comme dit le *Guide marseillais* de 2857. On y compte neuf théâtres, dont quatre italiens. Le théâtre chinois est le plus fréquenté de tous. Il est bâti sur les hauteurs de la réserve et tourne sur pivot.

Ainsi, selon les exigences du drame joué, on découvre au fond de la scène ouverte les magnifiques horizons de la mer, des montagnes et des trois villes, ce qui remplace avantageusement les ridicules décors de carton peint du vieux théâtre. Le dramaturge chinois en ce moment en vogue est l'illustre Li-hi ; son imagination a renversé toutes les limites et n'est à l'aise que dans l'infini. Grâce à lui le théâtre est délivré de ces vieilles pièces bourgeoises où le bon public se pâmait d'aise en voyant représenter sur la scène toutes les choses qu'il fait chez lui. On appelait alors cela *observation*, et les écrivains qui savaient minutieusement observer les portiers, les imbéciles, les paysans, les aubergistes, les valets, les nourrices, les belles-mères, les oncles, les neveux, occupaient le premier rang parmi les lettrés. Aujourd'hui la vie réelle est si bruyante, si animée, si complexe, que, le soir venu, on va au théâtre pour ne rien voir et ne rien entendre de ce qu'on a vu et entendu pendant le jour.

On jouait, ce soir-là, au théâtre chinois de Marseille, un drame en dix siècles, intitulé : *Ce que dit la mer*. Trois célèbres musiciens ont fait la musique de cet ouvrage ; mais la palme a été donnée à Golozzi le Palermitain, qui vraiment a créé une véritable découverte dans le domaine de l'art. Au septième siècle, le théâtre représente au naturel un ciel admirablement étoilé, un ciel de juin ; on aperçoit dans le lointain la mer et la crête des montagnes qui s'effilent vers le cap Couronne. Un chœur de tritons et de néréides célèbre le mariage de Septemtrion et d'Africa, et les plus mélodieux instruments du monde accompagnent ces voix célestes. Par intervalles le chant cesse, et on entend la voix des pins et de la mer qui semble continuer l'hymne d'amour, sur le ton de *six-huit* noté par le musicien. Puis le citra, le cor,

le mélophile et l'érophone, quatre instruments de choix, se mettent de la partie, et accompagnent les murmures des pins et de la mer avec un bonheur d'unisson qui donne l'extase. La nature joue un rôle dans cette œuvre, comme artiste et comme collaborateur.

Vraiment, cette merveilleuse harmonie, exécutée au bord de la mer, dans une nuit pleine d'étoiles et de parfums, ne fait point regretter les antiques scènes où les oncles se querellaient avec leurs neveux, les maîtresses avec leurs amants, les femmes avec leurs maris.

Nos jeunes époux voyageurs, placés dans une loge à quatre divans d'édredon, prirent le plus grand plaisir à cette représentation chinoise ; dans les entr'actes ils allaient respirer la fraîcheur de la nuit dans un foyer qui domine l'édifice, et qui est le belvédère de la ville et de la mer. Ce qu'on aime surtout à voir, du haut de ce foyer, c'est le spectacle continuel des flottes marchandes, arrivant à toute électricité de Suez et de Panama.

Michel et sa femme auraient passé volontiers trois jours encore à Marseille, mais un nom de magique attraction retentissait toujours à leurs oreilles, le vieux et jeune nom de Paris.

Le lendemain, à midi, ils prirent le convoi électrique du Nord, et, à quatre heures, ils arrivaient devant les deux pyramides qui sont la porte de l'antique capitale de la France. Tous les voyageurs se découvrirent respectueusement pour saluer Paris.

IV

Les villes suivent le mouvement du soleil, elles vont d'Orient en Occident. L'ancien Paris, si renommé dans l'histoire, le Paris du Palais-Royal, du boulevard des Italiens, de la Chaussée-d'Antin, est toujours un quartier fort habitable ; mais la vie, le mouvement, la richesse ne sont plus là. Vingt siècles font avancer les pierres et les hommes ; la grande artère de Paris donne ses pulsations dans le *West-End*, comme disent les Anglais, dans le quartier maritime de Grenelle et dans le voisinage du bois de Boulogne et des ports.

Les dénominations des quartiers, des promenades, des rues, se conservent par la tradition orale ; mais, quand trop de siècles s'écoulent, leur origine devient nébuleuse et les archéologues se mettent à la recherche des étymologies, avec plus ou moins de bonheur. Ainsi on se demande souvent, en 3845, la raison première qui fit donner le nom de Champs-Élysées à ce vaste quartier rempli de palais, d'hôtels, de maisons de plaisance, cette ville superbe qui s'étend de la place de la Concorde à l'Étoile. Un prix même a été fondé par la Société archéologique de Chaillot, et il a été gagné par Lucien Agénon, l'étymologiste par excellence, qui a prouvé que, sous le règne de Julien, dans une époque de paganisme, les Champs-Élysées étaient une nécropole ou champ de mort.

Le temps a fait un pas et les Champs-Élysées sont devenus la cité de la vie. Leur portique très-vaste, nommé le *Palais du Bon-Accueil*, s'élève à l'entrée de cette ville opulente. Aux heures de l'arrivée des convois, les chefs de famille encombrent ce portique pour attendre les voyageurs mariés et leur offrir l'hospitalité la plus généreuse. Chaque jour on retrouve là les scènes les plus touchantes, dont l'origine remonte à la plus haute antiquité, au siècle des patriarches, et qui ont été supprimées, aux époques d'avarice et d'égoïsme, pendant plus de deux mille ans. Les Arabes seuls en ont gardé la tradition sous leurs tentes, au désert. Toutefois, la richesse et la civilisation donnent aujourd'hui à l'hospitalité des formes nouvelles et dignes du Paris de 3845. On a même appris à être riche, et la richesse n'est plus un ennui.

Autrefois deux jeunes époux voyageurs arrivaient à Paris avec une lettre de recommandation et se présentaient au numéro de l'adresse. Un millionnaire, froidement poli, ouvrait la lettre, donnait un sourire sérieux aux deux recommandés et leur disait : *c'est bien! c'est bien!* Les deux époux saluaient et rentraient dans la chambre numérotée et noire de leur hôtel dégarni.

Huit jours après ils recevaient du millionnaire une invitation à dîner pour *six heures précises*. La femme commandait une robe, un chapeau et un châle au dernier goût du jour. Le mari se faisait habiller comme une gravure. On louait une voiture et on se rendait à l'invitation, après avoir dépensé mille francs de toilette pour faire honneur au correspondant provincial.

On se mettait à table à huit heures parce qu'un invité se faisait attendre. On dînait mal; on mangeait froid; on causait tragédie; on servait quinze gouttes de Médoc jaune, au rôti; un convive enrhumé chantait une romance au piano, et, à onze heures, le maître annonçait aux deux époux qu'il partait pour la campagne dans trois jours.

Au portique du *Bon-Accueil* un Parisien de 3845 s'inclina devant Michel et sa femme et leur dit :

— Soyez les bien-venus; ma maison est à vous; je suis Gervais de Montreuil.

Michel serra la main de cet inconnu et lui dit :

— Voilà ma femme bien-aimée, celle à qui j'ai donné mon nom. Je suis Michel, fils de Bastien. Mon père est un paysan du Poitou. Il a changé en vastes plaines de riz les marécages fébriles de Madagascar; il a creusé des lits aux courants d'eau qui descendaient des monts Pakalaoe au canal de Mozambique et qui ne stagnent plus. A cause de ses services il a été nommé préfet du département de Bonne-Espérance.

— Nous sommes frères, répondit Gervais. J'ai employé la vertu électrique aux vergers de Montreuil; j'ai donné de beaux fruits en toute saison au marché du monde. L'année est un automne perpétuel; on mange mes pêches en janvier. Mon soleil luit douze mois et ne se couche jamais.

Disant ces mots, Gervais montra un palanquin aux deux époux, qui s'assirent sur des coussins très-commodes. Gervais toucha un ressort, et, en un clin d'œil, ils arrivèrent tous trois devant l'arc de l'Étoile, à la porte d'un palais charmant, voilé par les arbres et les fleurs.

Un orchestre invisible, composé de quatre instruments, le citra, le cor, le mélophile et l'érophone, exécuta dans le jardin l'air de l'hymne : *l'étranger est un frère*, un chef-d'œuvre de l'illustre Javanais Sahapy. Gervais conduisit ensuite lui-même les deux Français du Cap dans un appartement délicieux, où les moindres désirs du voyageur sont prévus.

Six heures du soir sonnèrent, et, au dernier coup, un joyeux carillon, au timbre d'or, éclata dans le vestibule : c'était l'appel du dîner.

La table de Gervais est l'œuvre du célèbre Milye, rue de Rouen, sous Meudon.

Tout ce qui charme la vue et dilate la poitrine est admirablement disposé sur la nappe et forme un musée de ciselure exquise. Autrefois, disent les archéologues, on exposait, dans les salons, un Charles-Quint en bronze, un Sylla donnant sa démission, un Galilée disant : *elle tourne!* un Annibal passant les Alpes, un Marius à Minturnes et autres formes stupides adorées des anciens bourgeois. Les statuettes de femmes sont seules admises aujourd'hui dans les ornements d'une salle; l'homme en bronze et en marbre ne vaut pas la peine d'être regardé. L'Apollon du Belvédère lui-même est un singe colossal qui a volé un carquois chez un armurier de Claros.

Une innovation fort curieuse frappa surtout le jeune voyageur Michel. Devant chaque convive tourne sur un pivot une amphore en cristal, ornée de neuf figures de femmes allégoriques avec leurs attributs, et dont les pieds sont suspendus légèrement sur des urnes en verre de Bohème. On lit sur ces urnes : *Bourgogne, Bordeaux, Madère, Chypre, Constance, Champagne, Lamalgue, Ermitage, Malaga*.

Les convives choisissent eux-mêmes les vins à leur goût, et ils sont tous à la portée de leur main. Aux époques de barbarie, un valet, surveillé par le maître, épanchait en tremblant, et goutte à goutte, comme des rubis, un bordeaux équivoque dans des verres de nain. On appelait cela savoir administrer une maison. Les administrés mouraient de soif ou buvaient de l'eau.

Le surtout du milieu, qui représente les jeunes

magiciennes de l'Afrique subjuguant les lions et les tigres, est surmonté de l'antique Muta, la déesse du Silence; elle regarde les convives en souriant, comme pour les engager aux douces causeries de la table, mais elle met un doigt sur sa bouche, comme pour les inviter à se taire quand ils seront partis : rien de ce qui a été dit à table ne doit être redit au dehors. Morale ancienne, rajeunie par la moderne civilisation.

Autrefois, à table, la conversation roulait sur un mélodrame qui avait un succès de larmes, ou sur une éternelle mère qui trouvait son fils au quatrième acte, ou sur la vie d'une femme à la mode, ou sur le nez d'une comédienne ; on appelait cela *les charmes de la conversation.* Ces frivolités et ces commérages ne se voient plus de nos jours. On aime à parler pour dire quelque chose, et, les voyages ayant donné de l'instruction à tout le monde, les grands sujets d'entretien ne manquent jamais; on a d'ailleurs la ressource des prodigieuses nouvelles qui arrivent à chaque instant par les mille conducteurs électriques, et qui apportent, pour ainsi dire, à Paris, la conversation du monde. Toute maison riche a sur sa façade extérieure son *tabularium*, comme autrefois le mur Capitolin, et c'est là que d'alertes commis de l'agence centrale télégraphique viennent afficher sans cesse la chose intéressante que fait l'univers. Un aide, averti par un coup de sonnette, accourt à la porte, cueille la nouvelle au *tabularium* et la transmet au maître. Ce jour-là, dans la longueur du repas du soir, une heure environ, le télégraphe universel servit aux convives de Gervais quatre nouvelles de haut entretien et plusieurs petits commérages de la planète, chronique du matin des cinq parties du monde. On annonça que le *post-captain* Davis, un nom de race, était parvenu au quatre-vingt-huitième degré vers le pôle sud, avec son immense vaisseau d'acier *Floating-London, Londres flottant*, dirigé par quatre hélices électriques, à haute pression, de la force de quatre mille éléphants. Le matin même Davis aurait donc touché le pôle, en dissolvant les glaces et les banquises contemporaines de la création. Personne dans son équipage, qui est un peuple, n'avait souffert du froid, grâce à la chaude atmosphère artificielle dont la science électrique a enveloppé le *Floating-London*. Le bénéfice que le monde attend d'une pareille navigation est incalculable ; l'astronomie surtout va faire un pas dans l'infini. Comme nouvelle de dessert on annonça ensuite que Ty-Hoang, le céleste empereur de la Chine, avait épousé à deux heures et demie, ce jour-là même, une jeune voyageuse parisienne, arrivée la veille à Péking par l'*express-train* de Paris. La cérémonie venait d'être célébrée au palais impérial de Tsu-Kin-Tchhing.

Le dîner fini, les convives furent introduits dans la salle des ablutions. Deux aides présentèrent les aiguières d'or, et firent couler dans des bassins de marbre une eau abondante et parfumée. Nous avons lu dans un vieux livre d'authentique apparence que, dans les siècles barbares, on servait après dîner de grandes tasses d'eau chaude, et que tous les convives, courbés sur cet affreux bain de mâchoires, exécutaient une symphonie de gencives avec des murmures rauques et de petites cascades nauséabondes à dégoûter un naufragé à jeun. Cet atroce usage a subsisté, dit-on, pendant un siècle, et même dans les grandes salles de restauration publique; là une famille qui commençait son dîner avait souvent pour voisine de table une autre famille qui finissait le sien, et lançait aux environs les éclaboussures de son bain maxillaire. Lorsqu'un novateur osait faire une remarque sur cette cérémonie odieuse : *C'est l'usage*, répondait-on au novateur paradoxal.

A huit heures, Michel pria Gervais de le conduire chez le ministre, et il dit à sa femme :

— Je vais rendre compte de ma mission ; on ne doit jamais perdre un instant lorsqu'il s'agit d'affaires importantes ; à neuf heures je serai tout à toi.

Delphin, le fils aîné de Gervais, s'offrit pour faire société à madame Michel, en l'absence du mari.

V

C'était un charmant jeune homme de vingt-deux ans ; il ne soupirait qu'après le bonheur de se marier, car les célibataires ne jouissent d'aucune considération à Paris.

La fraîcheur du soir était délicieuse sous les grands arbres du jardin de Gervais. Madame Michel s'assit sur un banc de gazon, et, selon l'usage des femmes, elle adressa la parole à Delphin, qui était debout devant elle, dans une attitude de respect.

— Connaissez-vous notre département du Cap ? — demanda-t-elle avec ce ton familier qui donne de la hardiesse aux hommes timides, c'est-à-dire à tous les hommes.

— Non, madame, répondit Delphin les yeux baissés; je suis encore très-jeune, et j'ai voyagé fort peu.

— Quels pays avez-vous visités ?

— Je suis honteux de le dire, madame, je ne connais que l'Inde et l'Amérique.

— Vous n'aimez donc pas les voyages, Delphin ?

— Je les adore, mais je suis amoureux.

— Et de qui ?

— De la plus belle des jeunes filles de Valparaiso.

— Une Américaine du sud ?

— Oui, madame ; je l'ai rencontrée l'autre jour à la station de Lima, au Pérou, et ma tête est restée sous l'équateur.

— Pauvre enfant ! Et vous attendez votre mariage pour voyager ?

— Oui, madame; il faut être deux pour se promener autour du globe.

— C'est juste; la solitude est triste en chemin de fer... Et avez-vous fait quelques démarches auprès de la famille?

— Ce matin j'ai envoyé au père une dépêche électrique pour demander la fille en mariage, et je n'ai reçu aucune réponse. Jugez de mon désespoir : il ne faut qu'une heure pour correspondre avec Valparaiso. C'est si voisin !

— En effet, remarqua la jeune femme, il n'y a entre nous que le ruisseau de l'Océan. Le Havre a l'Amérique pour faubourg.

Delphin étouffa ses sanglots, et n'ayant plus rien à dire, il se tut.

Michel, à la même heure, entrait chez le ministre.

On lisait, dit-on, autrefois, sur la porte de ce fonctionnaire, ces trois mauvais vers :

> Ministère.
> Des affaires
> Étrangères.

Aujourd'hui le globe terrestre a remplacé l'inscription.

Le ministre reçoit tout le monde de huit heures à minuit. La salle d'audience est, en été, un vaste jardin, illuminé par un petit soleil électrique, et rempli de guéridons de marbre; il longe la rivière sur une terrasse à balustres de santal.

Michel, instruit de l'étiquette, s'assit devant un guéridon libre, et aussitôt, un aide ministériel lui servit une glace à la pastèque, un verre de constance, et un gâteau de riz *benafouli*, doré au feu.

Le ministre, suivi d'un secrétaire électrique, allait de guéridon en guéridon, et recueillait tout ce qu'on avait à lui dire. Demandes, réponses, réclamations, tout était concis et laconique comme un proverbe chinois.

Michel entendit très-bien ce que dirent ses deux voisins au ministre, et il prépara son discours dans le même style et le même esprit.

L'un disait :

— Je suis Vincent le Sénégalien, ingénieur. Je veux canaliser, dans la France africaine, la rivière Cammeroons.

— Qui descend du mont Gebel ? dit le ministre.

— Oui, reprit l'ingénieur.

— Et se jette dans le golfe de Biafra, presque sous la ligne ?

— Oui, mon ministre. Eh bien ! tout le pays qui s'étend de la mer jusqu'à Nimeanaï est une immense jachère, qui sera un jardin, avec un canal.

— Accordé, dit le ministre.

Et le secrétaire apposa le sceau de l'autorisation sur un papier à souche, et le remit à l'ingénieur.

— Dieu vous soit en aide, et mariez-vous, lui dit le ministre, en lui serrant la main.

L'autre voisin dit :

— Je suis le préfet de la côte d'Ajan.

— Entre le golfe d'Aden et la mer indienne? dit le ministre.

— Oui, reprit le préfet. Je demande à percer la chaîne de montagnes...

— Qui sépare Bertat de Gingiro? interrompit le ministre.

— Oui. Nous trouverons probablement une source du Nil dans quelque réservoir de la percée, et nous dirigerons cette eau féconde dans les landes de Gongiro.

— Accordé. Êtes-vous marié, préfet?

— Je suis veuf.

— Remariez-vous. Allez, croissez, multipliez, et canalisez.

Le ministre arriva devant le guéridon de Michel, qui parla ainsi :

— Je suis Michel, fils de Bastien. Nos forêts de Madagascar sont pleines de bœufs sauvages...

— Et d'excellentes cailles? interrompit le ministre.

— Oui. Je puis livrer mille bœufs par jour à la consommation de Paris, à dix centimes le kil, mais il me faut la concession d'un petit pont...

— Entre le cap Saint-André et Mozambique? dit le ministre lestement.

— Oui, et je demande le droit de péage pour six mois.

— Accordé, dit le ministre; et je nomme le fils de Bastien préfet du cap d'Ambre, à Madagascar... Êtes-vous marié?

— J'ai ce bonheur-là, dit Michel.

— Que Dieu vous donne tous les autres, reprit le ministre. Partez, faites le pont, ayez des enfants, et envoyez vos mille bœufs et quatre fois plus de cailles, par les mêmes convois. Le secrétaire remit le brevet à Michel, qui serra la main du ministre et courut rejoindre Gervais.

En entrant dans la maison hospitalière, Michel annonça la grande nouvelle à sa femme, qui montra une joie folle, car le rang auquel son mari venait d'être élevé lui permettait de porter une robe très-simple, sans aucune espèce d'ornements.

Les riches bourgeois des Champs-Élysées ont presque tous un théâtre lyrique chez eux, ce qui leur procure d'agréables soirées musicales, lorsqu'ils ne vont pas aux grands théâtres de Paris. Gervais paye largement une excellente troupe italienne et un orchestre allemand. La salle de spectacle est contiguë à la maison. Il n'y a qu'un rang de loges à deux places ; l'auditoire n'excède jamais trente personnes. On ne parle que pendant les entr'actes ; il est amicalement défendu de porter des gants de peaux de bêtes, des habits étouffants, des carcans de cravates, des lorgnettes à deux yeux. On doit être à l'aise et muet pour entendre la musique.

Gervais donna la loge d'honneur au préfet Michel,

et à sa femme. On jouait l'admirable opéra de Julliany-Miro, un chef-d'œuvre qui a pour titre : *Septemtrion et Africa*, et sert pour ainsi dire de préface à un autre opéra : *Ce que dit la mer.*

L'opéra de Miro n'a pas de paroles, selon un usage déjà très-ancien, qui remonte à une insurrection du public, à la fameuse soirée de *Ninive*. Paris a conservé ce souvenir dans ses annales dramatiques. On avait joué deux actes de *Ninive*; le public parisien, le meilleur enfant du monde, entendait depuis cinq siècles les paroles suivantes :

> Douce espérance,
> Dans ma souffrance
> Quel doux espoir !
> . . . .
> Mon cœur palpite,
> Il bat plus vite,
> . . . .
> Douce chimère !
> En vain j'espère,
> . . . .
> Funeste délire !
> Je souffre et j'expire,
> . . . .
> Mortel odieux,
> Je fuirai ces lieux,
> . . . .
> Quel est donc ce mystère ?
> O moment fatal !
> Je souffre et j'espère,
> Mystère infernal !

Or, un beau soir, le public, enfin ennuyé de cette mystification séculaire, s'insurgea en masse, comme un seul tigre, déchira les *libretti*, brisa les banquettes, demanda la tête du *parolier*, et menaça d'incendier l'Opéra, si on lui jetait encore aux oreilles, sous prétexte de belle musique, cette poésie immuable et vieille de cinq cents ans. Le directeur comparut en personne, et, reconnaissant la justice et la patience du public, il promit que, désormais, les opéra n'auraient plus de paroles. On accueillit cette promesse par de vifs applaudissements.

Cette heureuse révolution en fit naître une autre. On reconnut que la musique n'avait pas été mise au monde pour accompagner des paroles comme celles-ci :

> Asseyez-vous sur cette chaise,
> — Monsieur, je suis très à mon aise, etc.,

et on voulut rendre à cet art sublime son antique noblesse et sa dignité. La rêverie, l'amour et la pensée religieuse absorbèrent, dès ce moment, le génie des grands compositeurs ; on créa des instruments merveilleux qui parlaient la langue des mystères et des passions ; on inventa le divin *Érophone*, qui est la voix de l'amour, et qui n'a pas besoin d'accompagner *Idole de ma vie*, ou *Ma flamme répond à sa flamme*, pour exprimer dans leurs moindres nuances toutes les émotions de l'âme, toutes les tendresses du cœur. La symphonie proprement dite n'a jamais eu de paroles, et elle dit tout ; c'est le mélodieux chant de l'infini.

Il a fallu quinze siècles pour faire du public parisien le premier public artiste du monde. Ce ne serait pas aujourd'hui que Paris mettrait à néant les antiques partitions du divin Rossini, l'Orphée des chrétiens : *le Siége de Corinthe, Moïse, Guillaume Tell*. Les sourds florissaient à ces époques. On entend aujourd'hui.

Le sujet de *Septemtrion et Africa*, heureusement privé de paroles, s'explique très-bien aux yeux. Le vieux Septemtrion, coiffé de frimas et appuyé sur un bâton de bois de chêne, traverse le lac de la Méditerranée, pour se chauffer au soleil de la chaîne de l'Atlas. Une jeune fille, assise sur un lion et coiffée de lotus, passe et s'émeut de pitié en voyant ce vieillard transi et inconnu ; elle touche sa main, et Septemtrion semble se réveiller en sursaut, et retrouve sa jeunesse. Alors Africa met une fleur de lotus dans la chevelure du vieillard et lui rend des boucles d'ébène ; elle lui donne un baiser sur le front, et le Saturne se change en Antinoüs. Mais tout le pouvoir de la jeune fille se borne à ces métamorphoses ; elle ne peut rien de plus pour l'avenir de la terre d'Afrique. Septemtrion, rajeuni, réchauffé, amoureux, change, à son tour, ce vieux domaine sauvage ; il sème, il bâtit, il féconde ; il donne le génie du Nord à l'indolence du Midi ; et la grande œuvre de la civilisation s'accomplit.

Après le spectacle, Gervais dit au préfet Michel :
— Demain je vous donnerai une surprise bien plus grande : je vous montrerai Paris.

VI

Le lendemain, Gervais se leva de très-bonne heure pour montrer Paris aux deux jeunes voyageurs.

Une jolie petite voiture de ville stationnait devant la porte de la maison ; un vrai bijou de promenade, léger comme un papillon, solide comme le bronze, souple comme l'acier fin. L'attelage figure un hippogriffe aux ailes d'azur. Le ressort qui pousse la voiture dans toutes les directions est des plus ingénieux. Paris excelle dans ces heureuses inventions, qui remplacent par la sécurité le péril d'autrefois. Dans les siècles de barbarie, on remplissait les villes d'une multitude infinie de chevaux qui mettaient continuellement en péril la vie ou les membres des piétons. Les gens riches lançaient, dans les rues étroites, leurs chevaux fous et ombrageux, pour satisfaire une vanité puérile, et fournissaient à la chronique parisienne une moyenne de cinq catastrophes équestres par jour. Puis des milliers de voitures publiques se croisaient follement à travers la ville, écrasant, effleurant, épouvantant, et surtout exhibant des squelettes de pauvres chevaux automates, martyrisés, à trente sous l'heure, par des cochers, qui s'endormaient toujours en se réveillant. Quand un bon fils partait pour faire ses études et ses dettes à Paris, on lui disait, entre deux larmes : Ne te fais pas écraser, mon enfant !

Paris était alors un champ de bataille, où les boulets se nommaient roues et chevaux. Celui qui pouvait certifier, après trente ans de séjour, qu'il n'avait jamais été touché par un de ces projectiles, recevait, dit-on, une décoration d'honneur.

La main appuyée sur le gouvernail d'ébène, Gervais conduisit d'abord les deux voyageurs au temple antique nommé autrefois les Invalides. Cette dénomination manquait un peu de politesse, car il n'est pas convenable de dire : *vous êtes un invalide*, même à un invalide. Mais, dans l'antiquité, les inscriptions des monuments n'étaient pas obligées d'être polies. On lisait même, dit-on, sur la porte d'un hospice, faubourg Saint-Martin : *Hospice des Incurables*, ce qui n'était ni poli ni chrétien. Le malheureux qui mettait le pied sur le seuil de cet hôpital savait à quoi s'en tenir. C'était l'inscription de l'enfer : *Laissez tout espoir, vous qui entrez.* Incurable !

La rue qui conduit des Champs-Élysées à cet antique édifice est une des plus belles du Paris d'ouest. Deux galeries couvertes, abris contre la pluie et le soleil, la bordent, comme toutes les autres rues, et ne sont interrompues que par l'arche mobile du milieu du pont, qui se lève devant les navires sans mâts. Sur la chaussée, l'espace est très-vaste, et quatre rangs de voitures y vont et viennent toujours, dans un ordre de défilé par gauche et droite, ce qui n'amène jamais d'encombrement : admirable système de circulation.

La peinture murale est le principal ornement intérieur du temple des Invalides. Michel, qui avait hâte de partir pour son chef-lieu du cap d'Ambre, à Madagascar, regrettait de ne pouvoir admirer toutes ces belles fresques, chefs-d'œuvre du peintre Koreb le Javanais, surnommé *Mara-api*, nom d'un volcan. Michel se contenta d'admirer dans tous ses détails *la bataille du Dembo*, peinte à la brosse, avec une furie de démon artiste. Les vétérans de cette grande journée de Dembo sont toujours là devant la fresque ; ils montrent les glorieuses cicatrices de la bataille et donnent eux-mêmes aux étrangers toutes les explications désirables : l'histoire est racontée par ses héros.

Toutes les fresques antiques sont des miniatures auprès de la bataille de Dembo : c'est qu'il fallait des dimensions prodigieuses pour donner une idée, même incomplète, de cette formidable bataille de dix jours.

Le passage, peint d'après nature, reproduit le plateau de Dembo avec sa ceinture de roches, de buissons énormes et de forêts vierges. C'est là que l'ennemi a trouvé son dernier refuge ; c'est là que l'armée des lions et des tigres, toujours refoulée par les pionniers de la civilisation africaine, s'est retranchée pour défendre une dernière fois des domaines inhabités depuis la création du monde et que l'homme stupide semblait avoir abandonnés pour cause de prescription et de droit acquis. Dans ce jour suprême, les races félines, oubliant leurs vieilles inimitiés, se sont réconciliées pour la défense du territoire commun.

Dans les crevasses et les cavernes des roches grises, dans les éclaircies de forêts, dans les massifs des buissons, on voit luire des yeux de tisons, se hérisser des crinières fauves, onduler des fourrures tachetées, tandis que les serpents monstrueux, devenus aussi les auxiliaires des lions, roulent leurs écailles autour des palmiers et menacent de leurs dards les usurpateurs du domaine. Dans les plans reculés du tableau, ces animaux semblent former une armée de réserve, celle du lendemain. Sur les premiers plans, la bataille est engagée entre l'homme, la fauve, le reptile. C'est une mêlée affreuse, comme le soleil n'en vit jamais. Nos intrépides pionniers africains ont apporté à cette bataille toutes les armes de la destruction, celles qu'inventa le génie moderne pour les utiles guerres de la paix et les conquêtes légitimes.

Toute cette artillerie de main éclate sans fumée et ne voile jamais l'ennemi après l'explosion ; le champ de combat est toujours inondé d'une clarté d'or fluide ; aucun coup n'est égaré contre un coin nébuleux, et dans cet immense chaos de crinières, de fourrures, de tronçons de reptiles, de dents léonines, de gueules écumantes, de griffes d'acier, la colère et la vie sont exprimées par le peintre avec tant de bonheur, que nous croyons entendre l'épouvantable concert de rugissements qui remplissait les solitudes à la bataille de Dembo.

A trois pas de la fresque on a placé la statue colossale de Michali, le grand chasseur d'Alger, avec cette simple inscription sur le stylobate : *au vainqueur de Dembo*. Michali était le général de cette mémorable expédition.

La rue de l'Océan conduit des Invalides au Champ-de-Mars. Ici les maisons changent complètement leur ordre d'architecture. L'élégante et classique symétrie est brisée. On voit se dérouler sur les deux lignes une succession d'édifices asiatiques d'un effet merveilleux, les pagodes, les tours chinoises, les vérandas, les châtirams, les minarets, les kiosques, toutes fantaisies de cette architecture peinte, ciselée, dorée, qui semble rire dans les airs et s'élancer de la terre pour jouer avec les rayons du ciel.

Le Champ-de-Mars est comme le square de la rue

de l'Océan ; cette immense place est bordée, sur ses quatre lignes, de vastes hôtelleries que le voisinage du Port-Grenelle fait toujours trop petites, à cause de l'affluence des voyageurs des cinq parties du monde. Quatre théâtres s'élèvent au centre de chaque ligne et sont l'œuvre du même architecte. Le plus beau et le plus grand est le théâtre Rossini ; rien de gracieux aussi comme son architecture ; les colonnes de son péristyle sont ingénieusement composées de statues de femmes, du marbre le plus pur, dont les groupes se superposent et soutiennent l'entablement. Les mélodieuses héroïnes de l'œuvre rossinienne ont été personnifiées par le célèbre sculpteur Dimitry-Zapolous, d'Athènes, et elles ornent la façade. Ce théâtre, exclusivement destiné à la musique, contient six mille spectateurs et autant de fauteuils d'édredon numérotés. Les autres théâtres sont réservés à la danse, aux grandes pantomimes et aux exercices équestres, mêlés aux jongleries indiennes. Les théâtres où l'on parle sont au nombre de deux et relégués aux limites du quartier maritime. Dans l'antiquité la comédie et le drame ont joui justement d'une grande faveur ; cela se conçoit. Les vices, les ridicules, les petites passions, tous les commérages du vieux monde si étroit n'offrent plus aucun intérêt de nos jours. Le petit souffle de l'homme se perd dans le bruit intelligent que la création fait autour de nous. L'univers joue un drame, non plus en cinq actes, mais en cinq parties ; mille chaînons électriques racontent mille scènes, à chaque instant forment un dialogue éternel entre les deux mondes. Deux acteurs qui raconteraient leurs affaires devant le trou du souffleur ne seraient plus écoutés. La musique a gardé seule la parole ; elle seule peut encore être comprise par un public formé des nations et des langues de l'univers. Toutes les mesquines satires de l'humanité, toutes les exhibitions scéniques de nos infirmités naturelles, toutes ces prétendues corrections qui ne servaient qu'à entretenir les haines, en présentant l'homme à l'homme sous un aspect horriblement laid, toutes ces leçons morales tombées de la chaire vicieuse du théâtre n'ont plus leur raison d'être et ne trouveraient plus d'échos dans ce siècle de communion universelle, où la véritable civilisation a dit ses deux derniers mots : Amour et Charité.

VII

Les deux jeunes époux ne donnèrent qu'une attention légère à ces rues et à ces places ; il leur tardait de voir le port de Paris, qui est le port du monde et sa merveille.

Des travaux presque impossibles autrefois, et rendus si faciles aujourd'hui, grâce à l'agent électrique, ont creusé le lit de la Seine, ont élargi ses rives, et ont rendu cette rivière navigable pour les plus forts navires depuis le Havre jusqu'à Paris. Il a fallu deux siècles pour accomplir ce travail ; mais que sont deux siècles dans la vie éternelle de Paris ? L'antique plaine de Grenelle est changée en port, et rien n'est émouvant d'aspect comme cet immense bassin d'eau vive, où flottent les pavillons universels et amis, et qu'encadrent les palais du commerce, avec leurs corniches de marbre indien, surmontées des statues de tous les navigateurs illustres. Le môle, bâti en énormes dalles de granit de l'Himalaya est orné de deux superbes fontaines de porphyre du Rhin, de cent pieds de hauteur. L'une fait supporter un triple rang de conques par des statues de marbre bleu qui représentent les dix incarnations de Brahma ; l'autre reproduit le même travail, mais les figures sont en marbre de Paros ; on reconnaît les neuf Muses et le dieu de la poésie et des arts. Deux fleuves aériens bondissent, jouent, écument, ruissellent sur ces deux collines sculptées, et distribuent aux environs des flots de poussière humide, une atmosphère de douce fraîcheur.

Entre ces deux fontaines s'élève la statue de Prométhée, en granit du Caucase : c'est un hommage au génie prophétique de l'antiquité grecque. Le Titan gigantesque écrase le vautour sur le roc et tient dans sa main le soleil électrique qui, après le coucher de l'autre, rallume le jour sur cette immense zone de Paris. La statue est un phare, et les rayons de son vaste foyer lumineux éclipsent, dans les nuits de l'été, les plus brillantes constellations. Sur le piédestal on lit ces vers :

> L'électricité, c'est la vie !
> Enfin, Prométhée, à son tour,
> Tenant la flamme au ciel ravie,
> Au roc enchaîne le vautour.

Devant l'entrée du port commence la rue de Christophe-Colomb ; elle borde la rivière jusqu'à Rouen, noble ville qui méritait bien d'être un jour le faubourg de Paris. Il faut remonter à l'antiquité égyptienne pour trouver une aussi longue succession d'édifices bâtis sur deux rives ; car Hérodote nous apprend que l'Égypte était une longue rue de villes dont le Nil était le ruisseau. De l'autre côté du port, en remontant la Seine, jusqu'au vieux Louvre, on trouve encore des stations de navires, mais ceux-là sont de moyenne grandeur. On a creusé, pour ces petites flottes marchandes, un port auxiliaire sur l'emplacement où fut l'Institut. A ce sujet les archéologues ont recueilli un fait antique assez curieux.

En 1806, l'empereur Napoléon Ier, qui aurait fait tant de grandes choses avec la vapeur ou l'électricité, soumit aux savants de l'Institut la question de la découverte de Fulton. Les savants, qui ne croyaient alors qu'à leurs inventions, et qui n'inventaient rien, répondirent à l'envoyé de Napoléon par un éclat de rire olympien. Jamais on n'avait ri d'aussi bon cœur sous le dôme sévère et plat de l'Institut. L'Empereur avait foi, lui, dans la science officielle qu'il payait; il ne crut pas à Fulton et à sa découverte, et la civilisation fut mise en retard d'un siècle par la faute des savants. Or voici ce que le temps a amené : l'Institut a disparu, comme chose inutile, dans une époque où l'univers est rempli de savants et de lettrés, et on a vu des flottes de navires à vapeur fumer à pleines chaudières sur le terrain même où les savants de 1806 avaient ri si spirituellement.

Sur la rive droite de la Seine, vis-à-vis du grand port de Grenelle, Paris est d'une splendeur monumentale incomparable; les hauteurs de Chaillot, de Passy, d'Auteuil, sont, pour ainsi dire, revêtues de palais et de jardins; c'est le quartier de l'opulence commerciale. Là sont ouverts mille comptoirs qui entretiennent correspondance avec le monde. Le quai de l'Abondance, autrefois des Bons-Hommes, est occupé, dans toute sa longueur, par un grenier immense, où s'amoncellent les riz de Madagascar, les blés d'Afrique et de l'Orégon. Aussi le pain est-il à un prix si bas qu'on peut dire que le peuple le reçoit presque gratuitement : il n'y a pas de civilisation complète sans cela. Le bois de Boulogne est le parc, le jardin public, la promenade de ce quartier du port.

Le peuple y trouve sans payer tous les amusements possibles, les théâtres, les cirques, les hippodromes, les naumachies, les concerts, les bals, les feux d'artifice, les ascensions d'aérostats, les courses au clocher, les ménageries, les bibliothèques, les régates, les joutes sur l'eau, les jongleurs de l'Inde, les bayadères, les mâts de cocagne, les magnétiseurs, les cabinets de physique amusante, les montagnes russes, les cafés lyriques, les musées de cire, les géants d'Alsace, les nains de Laponie, tous les phénomènes zoologiques de l'univers; et c'est la Banque universelle du Crédit maritime qui fait les frais de tant d'exhibitions, si chères au peuple, surtout quand le peuple ne les paye pas.

La région dite l'*Étoile* couronne dignement toutes les magnificences du quartier du port. Rien de grand et de splendide comme la rue triomphale de Neuilly; elle commence à l'antique monument élevé par Napoléon 1er à la gloire de la grande armée française et finit au quai de la rivière, devant Neuilly. L'arc de l'Étoile trouve son glorieux pendant à l'extrémité de cette rue : ces deux gigantesques orateurs de granit annoncent au voyageur que la civilisation, commencée par la guerre, a été accomplie par la paix; ainsi nos dernières conquêtes pacifiques ont leur monument triomphal ; l'arc de l'Étoile a un frère : c'est l'*arc du Soleil*, au bout de l'antique avenue, aujourd'hui rue de Neuilly.

L'arc du Soleil est divisé en cinq parties, comme notre globe; il y a cinq faces, ou cinq tables de marbre, sur lesquelles sont gravés les noms des héros de la paix, avec les titres de leurs victoires. Aucune basse jalousie de nation n'a exclu un nom étranger. Il n'y a plus de frontières ; notre petit globe est une ville, et la patrie de tous les habitants. Les découvertes astronomiques de Steinbach, en mettant à la portée de nos yeux les effrayantes révélations de l'infini, nous ont fait prendre en telle pitié notre exiguïté d'atome planétaire, que nous n'osons plus nous diviser en nations, et nous séparer par des fleuves qui sont des ruisseaux, des montagnes qui sont des cailloux, des océans qui sont des lacs. Nos voyages dans l'infini, sur la monstrueuse lentille du dernier télescope, ont ôté à la terre son vieil orgueil.

On peut citer les principaux noms inscrits sur les cinq faces de l'arc du Soleil, à côté des titres de gloire. Les uns donneront une idée des autres :

Xavier de Nantes a défriché l'Orégon, ce grenier de la France.

Sebor de Cantorbéry a fait les premières coupes dans les forêts de la presqu'île de Segalin et en a construit les plus agiles vaisseaux.

Steinter de Cologne a fertilisé les plus grandes îles, dans les Maldives et les Laquedives.

Paulus d'Anvers a rendu à l'Égypte, par une intelligente canalisation, son antique fécondité.

Chartier de Toulon a découvert les mines d'or de Bornéo et des montagnes qui bordent la mer Vermeille.

Gaëtano, jardinier de Gênes, a fertilisé l'immense jachère australienne qui s'étend, au nord, depuis la terre de Witt jusqu'à la terre d'Arnheim.

Constantin d'Auteuil a naturalisé les fruits et les légumes du nord de l'Europe dans l'intérieur sauvage de la Guinée.

Adamson de Dublin, a fait disparaître par l'agent électrique, tous les écueils à fleur d'eau qui rendaient la navigation si dangereuse sur la mer dite de Corail.

Les cinq catalogues de l'arc du Soleil sont déjà presque tous remplis de ces titres de noblesse ; mais la rue triomphale de l'Étoile va se prolonger jusqu'à la hauteur du mont Valérien, et un troisième arc de triomphe sera élevé à la gloire des futurs bienfaiteurs de l'humanité.

Michel et sa femme admirèrent surtout l'arc du Soleil et en prirent une copie exacte, avec leur chambre obscure portative.

En passant devant le théâtre du Jour, sur les hauteurs de Passy, madame Michel témoigna le désir de louer une loge pour voir ce magnifique spectacle qui a le soleil pour lustre. En ce moment, on dansait un ballet des *Océanides*, dansé par mille jeunes filles de tous les pays et de toutes les nuances de cheveux et de carnation. Michel dit à sa femme avec beaucoup de douceur :

« — Mon ange, tes volontés sont les miennes ; mais ce spectacle dure cinq heures, et j'ai deux devoirs impérieux à remplir. Nous devons d'abord nous rendre à Valparaiso, pour arranger le mariage de ce pauvre Delphin, qui n'obtient aucune réponse. C'est donc un service d'urgence. Je ne dois pas oublier ensuite ma préfecture du cap d'Ambre. Depuis hier au soir je ne m'appartiens plus ; j'appartiens aux colons des Sakalaves et aux commerçants de Nossi-Bé. Cinq heures données à un plaisir frivole seraient lourdes à mon cœur comme un remords. »

Madame Michel s'inclina et dit :

— « Tu as toujours raison. »

Les deux époux prirent congé de Gervais à l'embarcadère américain, devant Bougival. Là stationnent les paquebots à hélice électrique, qui descendent au Havre et volent à Panama. Ce sont des villes flottantes ; leur masse ne nuit pas à leur agilité, grâces à l'irrésistible puissance de l'agent locomoteur. On regarde aujourd'hui ces promenades en autre monde comme des promenades ; il y a des trains de plaisir du Havre à Panama.

Michel réussit au delà de toute espérance dans son expédition. Le télégraphe électrique avait été brisé de Valparaiso à Yucatan ; ainsi la réponse, bonne ou mauvaise, ne pouvait parvenir à Delphin. En arrivant à la première station messagère du Chili, Michel envoya cette dépêche au fils de Gervais :

— « Partez, on vous attend. »

Ce grand devoir rempli, Michel remonta en paquebot pour se rendre à Saint-Louis, et prendre l'embranchement du chemin de fer africain, ligne de Lupata. Ce fut une seconde promenade. Après avoir donné quelques heures aux devoirs sacrés de la famille, dans la ville du Cap, il prit le chemin de fer du Zanguébar, et, arrivé au rivage mozambique, il s'embarqua pour le cap d'Ambre, où il était attendu avec tous les honneurs dus à son rang, car la dépêche du ministre avait annoncé sa nomination.

Michel est le modèle des préfets et des maris ; il mérite une famille nombreuse ; Dieu la lui donnera.

FIN

PARIS. — TYPOGRAPHIE WALDER, RUE BONAPARTE, 44.

www.ingramcontent.com/pod-product-compliance
Lightning Source LLC
LaVergne TN
LVHW020948090426
835512LV00009B/1761